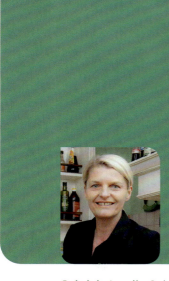

Gabriele Lendle Gabriele Lendle stellte im Jahr 2000 aufgrund ihrer rheumatischen Erkrankung ihre Ernährung erst auf vegetarisch und in 2010 konsequent auf vegan um – mit verblüffenden gesundheitlichen Erfolgen! Seitdem experimentiert die Kunstmalerin und Speditionskauffrau, die nebenbei auch gerne Halbmarathons läuft, begeistert mit pflanzlichen Lebensmitteln und zaubert immer wieder neue Kreationen. In diesem Buch bringt sie nun ihre Reiselust ins Spiel und macht sich auf zu einer kulinarischen Weltreise. Gabriele Lendle lebt in Korntal bei Stuttgart. Mehr über sie erfahren Sie auf www.gabriele-lendle.com

Gabriele Lendle

Vegan international

Mit 80 veganen Rezepten um die Welt

TRIAS

7 Liebe Leserinnen und Leser

15 Italien

33 Alpen

49 Mittelmeer

79 Afrika

93 Vorderer Orient

105 Asien

125 Indien

137 Amerika

153 Karibik

163 Stichwortverzeichnis

Liebe Leserinnen und Leser,

Reisen war für mich schon immer etwas ganz Besonderes: neue Länder, Kulturen, Bräuche – und auf jeder Reise erwarten mich auch jedes Mal ein paar ganz besondere kulinarische Entdeckungen, die ich quasi als Reisesouvenir mit nach Hause nehme. Einige davon möchte ich gerne mit Ihnen teilen und lade Sie mit diesem Buch ein, sich mit mir auf eine kleine vegane Weltreise zu begeben. Wir reisen durch unsere Nachbarländer und treffen dort auf beliebte Küchen-Klassiker (freuen Sie sich auf ein sämiges Zürcher Geschnetzeltes völlig »ohne Tier«) und machen uns auf in ferne Gefilde, zaubern tolle Gerichte aus verführerischen orientalischen Gewürzen und holen uns einen Hauch Karibik in die heimische Küche. Ganz vegan natürlich.

Meine Inspiration für die vielseitigen internationalen Rezepte entstand in erster Linie aus meinen bisherigen Reisen innerhalb Europa, Asien und Amerika, und meiner Faszination für die unterschiedlichen Mentalitäten und Esskulturen. Seit meiner letzten Amerikareise sind inzwischen 15 Jahre vergangen und es hat sich einiges getan auf der anderen Seite des Atlantiks. Vegane Restaurants in US-Städten sind – ähnlich wie auch bei uns – nicht selten Szene-Treffs und viele »normale« Cafés halten inzwischen vegane Kuchen und Kekse bereit – und dass es den skinny cappuccino to go auch mit Sojamilch gibt, ist ohnehin längst Standard (inzwischen haben sämtliche Kaffeegetränke jedoch einen leckeren und gesunden Konkurrenten erhalten: den veganen grünen Smoothie, der buchstäblich in aller Munde ist).

Vielleicht ist dies unter anderem dem ehemaligen Präsidenten Bill Clinton zu verdanken, der neben vielen anderen prominenten Persönlichkeiten die vegane Ernährung als die Gesündeste in der Öffentlichkeit propagiert. Selbst Nobelpreisträger und ehemaliger US-Vizepräsident Al Gore ernährt sich zwischenzeitlich vegan. Seine Motivation ist in erster Linie dem fortschreitenden Klimawandel geschuldet, da die Nutztierhaltung der Hauptverursacher des Klimawandels ist. Auch viele

Hollywood-Stars schwärmen von ihrer veganen Ernährung und haben sicher schon so manchen inspiriert, es ihnen gleich zu tun.

Was ich hier für Amerika beschreibe, gilt in ähnlicher Form für viele andere Regionen dieser Welt. Überlegen Sie mal selbst, wo Ihnen in Ihrer Umgebung inzwischen vegane Restaurants begegnen, wie sehr sich das vegane Angebot in Bioläden und Supermärkten in letzter Zeit vervielfältigt hat – und das ist kein regionales Phänomen. Der vegane Lebensstil ist inzwischen rund um den Globus verbreitet, wird gelebt und geliebt.

Zugegeben: als »Allesesser« ist es nach wie vor mit weniger Aufwand verbunden, sich durch die Küchen dieser Welt zu essen. Andererseits bleibt einem auf diese Art aber auch einiges verborgen, und auf viele Lebensmittel wird man gar nicht erst aufmerksam, wenn man routinemäßig das nächstbeste Steakhouse aufsucht. Ich kann immer recht wenig Verständnis aufbringen, wenn Leute aus ihren Urlauben zurückkehren und gefragt nach dem Essen antworten »Es gab Gott sei Dank ein Buffet mit Wiener Schnitzel und Pommes«...! Wie langweilig – da bekommt man Gelegenheit, neue Geschmackserlebnisse und Aromen kennenzulernen und bleibt dann doch beim Altbekannten? Bei mir steht im Urlaub eher die Lust am Neuen im Vordergrund. Nicht zuletzt ist es ja gerade auch den Reisenden zu verdanken, dass sich sowohl pflanzliche als auch tierische Nahrungsmittel sowie eine große Vielfalt an Gewürzen über Jahrhunderte und Jahrtausende in vielen Ländern und Kontinenten verbreitet und vermischt haben. Machen wir es Ihnen also nach und lassen uns von der Esskultur anderer Länder inspirieren. Wenn ich da nur an Asien denke, das Paradies für alle, die auf Fleisch & Co. verzichten: zauberhafte Märkte mit ihren hunderten Arten von Gewürzen und Gewürzmischungen, Farben und Düften...., und die vielen bunten Gemüse- und Obstsorten – alles per se vegan, bedienen Sie sich also! Erkundigen Sie sich lediglich wenn Sie in Restaurants essen gehen, ob in Ihrem gewünschten Gericht Fischsauce, Austernsauce oder Currypaste verarbeitet wurde. Currypasten enthalten in der Regel getrocknete Shrimps und sind somit nicht vegan. In Indien beispielsweise wird fast jedes Essen mit Ghee (Butterschmalz) zubereitet und viele Speisen werden mit Milch oder Sahne cremiger gemacht. Auch Paneer (weißer Käse aus tierlicher Milch) findet sich in sehr vielen Speisen, auch ohne dass es auf der Speisekarte erwähnt ist. Aber auch hier gilt: einfach kurz nachfragen oder darum bitten, die entsprechende Zutat weg zu lassen. Auch wenn man der Landessprache nicht mächtig ist, mit Händen und Füßen hat es bisher noch immer geklappt.

Was mich angeht, so miete ich mich in Urlauben gerne in Ferienwohnungen ein, in denen ich selbst kochen kann. Inzwischen findet sich in den meisten Urlaubsorten ein toller Wochenmarkt oder sogar ein Bioladen – zumindest jedoch ein größerer Supermarkt, der mir eine Auswahl an veganen Produkten bietet. Diese Form des Urlaubens liegt mir vielleicht auch ein bisschen »in den Genen«, denn mit meiner Familie reiste ich als Kind oft mit befreundeten Familien an den Gardasee zum Campen. Wir alle hatten Wohnwägen und es gab eine Familie darunter, die ihre sämtlichen Kellervorräte an Marmeladen und selbst konservierten Speisen mitgenommen hatte. Meiner Mutter hingegen machte es große Freude sich an den örtlichen Märkten inspirieren zu lassen und italienische Gerichte zu zaubern, während mein Vater uns Kinder auch in Restaurants führte, wo wir leckere italienische Pasta und Pizzen genießen durften. Die Höhepunkte waren auch Tagesausflüge mit dem Boot, um in sämtlichen Boots-Häfen anzulegen, um die beste Eisdiele mit dem allerbesten Eis ausfindig zu machen.

So und anders haben auch Sie ganz sicher Ihre eigenen Erfahrungen mit dem fremden Essen und den anderen Sitten in verschiedenen Ländern. Mein Anliegen ist es, Ihnen mit diesem Kochbuch einen Einblick in die Vielfalt der kulinarischen Genüsse, Geschmäcker und auch Traditionen verschiedener Kontinente und Länder auf vegane Art zu zeigen, und ich hoffe, auch Sie für diese Vielfalt zu begeistern. Meine internationalen Rezepte enthalten ausschließlich pflanzliche Zutaten aus Respekt und Achtung vor den Tieren und ebenso aus gesundheitlichen Gründen. Alle Rezepte sind garantiert ohne tote Tiere und sogar ohne Produkte von lebenden Tieren. Aus meiner Sicht ist die vegane Ernährung nicht nur aus ethischen, sondern insbesondere auch aus gesundheitlichen Gründen ein zwingend globales Thema und kein temporärer Lifestyle.

Übrigens: wenn Sie nach der Lektüre das Reisefieber gepackt hat, finden Sie tolle Hoteltipps und Reiseanregungen auf www.veggie-hotels.de!

Ein besonderes Anliegen beim Schreiben dieses Kochbuches war mir, dass Sie die länderspezifischen Zutaten im Bio- und Supermarkt, sowie beim Fachhändler um die Ecke möglichst mühelos besorgen können. Ein weiteres Anliegen war, dass die Mehrzahl der Rezepte alltagstauglich sind und selbst etwas schwierigere Rezepte, wie z.B. japanische Sushi, im Zubereitungstext so konkret Schritt für Schritt beschrieben sind, dass auch ungeübte Köche diese mühelos nachkochen können.

Hier noch einige Hinweise zu Zutaten und zwei Grundrezepte, die Sie in vielen meiner internationalen Gerichte finden werden:

Fett Möglicherweise wundern Sie sich, dass in meinen Rezepten als Butterersatz keine Pflanzenmargarine zum Einsatz kommt. Ich verwende zum Backen und Kochen anstelle von Pflanzenmargarine inzwischen nur noch Cashewcreme oder kaltgepresstes Sonnenblumenöl.

Für die übrigens ganz einfache Zubereitung von Cashewcreme auf Basis von Cashewkernen benötigen Sie allerdings einen Hochleistungsmixer. Darin vermixen Sie Cashewkerne mit Wasser im Verhältnis von etwa 1:1. Für den Fall, dass Sie keinen Hochleistungsmixer besitzen, nehmen Sie handelsübliches Cashewmus und verrühren dieses mit Wasser im Verhältnis von etwa 1:0,8. Übrig gebliebene Cashewcreme ist mehrere Tage in einem verschlossenen sterilen Glas im Kühlschrank haltbar. Sie kann sehr vielseitig verwendet werden: entweder als Öl- oder Sahneersatz in Salatdressings oder mit Wasser zu einer milchigen Konsistenz verlängert als Milchersatz im Müsli.

Grundrezept für Cashewcreme (aus dem Hochleistungsmixer)

Für 200 g
⊘ 5 Min.

100 g Cashewkerne oder Cashew-Bruch (ist günstiger) • ca. 100 ml Wasser

● Cashews mit Wasser im Hochleistungsmixer bei zunächst kleinster Stufe und anschließend größter Stufe sehr fein pürieren.

Hinweis Mit dem Zauberstab ist das Ergebnis nach meiner Erfahrung auch bei vorherigem Einweichen der Cashewkerne nicht zufriedenstellend, weil dann feste Bestandteile der Kerne in der Creme verbleiben. Manchmal wird empfohlen, Cashewkerne vor dem Mixen 2 Stunden einzuweichen, damit die Enzyminhibitoren (Enzymhemmung) ausgeschaltet werden. Im Vergleich zu fettreichen Nüssen wie z.B. Paranüssen, Macadamias, Walnüssen, etc. haben Cashewkerne jedoch nur sehr geringe Mengen an Enzyminhibitoren. Wenn Sie nicht übermäßig viel davon verzehren, ist ein vorheriges Einweichen nicht erforderlich

Grundrezept für Cashewcreme (aus handelsüblichem Cashewmus)

Für 200 g
⊘ 5 Min.

120 g Cashewmus • ca. 80 ml Wasser

● Cashewmus mit Wasser etwa 1–2 Min. mit einem Löffel zu einer homogenen dickflüssigen (nicht zähflüssigen) Konsistenz anrühren.

Pflanzenmargarine besteht meistens aus Palm- oder Sojaöl und enthält gesättigte Fette. Bei der Herstellung wird die Struktur chemisch verändert. Das alles ist von gesundheitlichem Nachteil. Deshalb verzichte ich auf Pflanzenmargarine, auch auf solche mit überwiegendem Olivenölanteil. Hinzu kommen auch ethische Motive: Unzählig viele Orang-Utans werden wegen der Erschließung neuer Palmölplantagen durch die Abholzung von Regenwäldern täglich und seit Jahrzehnten gequält und getötet. Auch für die Erschließung immer weiterer Sojabohnenplantagen werden täglich große Teile des Regenwaldes zerstört. Allerdings gibt es hier durchaus zahlreiche Sojaalternativen aus europäischen Anbaugebieten, die in jedem Fall – falls erwünscht – zu bevorzugen sind. Cashewkerne hingegen enthalten gesunde Fette (etwa 42%), sind reich an wichtigen Mineralien, Spurenelementen und Vitaminen und sind geschmacklich neutral. Die sogenannte Cashewnuss ist im botanischen Sinne übrigens keine Nuss. Sie ist der Samen des Kaschubaums, der ursprünglich nur in Süd-und Zentralamerika beheimatet war. Der Baum bildet »Cashewäpfel«, an deren Ende eine einzige Cashewnuss sitzt. Somit sind Cashews auch für Nussallergiker geeignet. Heutzutage werden Cashewbäume weltweit in den Tropen kultiviert, vor allem fern ihrer Heimat in Afrika und Asien. Sie sind anspruchslos und wachsen auch auf schlechten Böden.

Mehl Vielleicht vermissen Sie in den Rezepten konkrete Angaben, welche Mehltype (z.B. Vollkornmehl oder Auszugsmehl bei Weizen Type 405 oder Dinkel Type 630) Verwendung finden soll. Ich gebe in den Rezepten die Getreidesorte an und überlasse es Ihnen, ob Sie mit frisch gemahlenem Getreide, handelsüblichem Vollkornmehl oder mit leider wertlosem Auszugsmehl – sogenanntes Weißmehl – kochen und backen wollen. Ich benutze inzwischen nur noch frisch gemahlenes Getreide, und die Rezepte gelingen damit alle optimal. Es kann allerdings sein, dass die Wassermenge etwas abweicht. Deshalb empfehle ich im Rezepttext immer, das Wasser nach und nach zuzugeben. Am besten Sie kneten sämtliche Teige, insbesondere Vollkornteige, 10–12 Minuten mit den Händen durch. So erzielen Sie eindeutig bessere Backergebnisse. Bei Verwendung von Dinkel genügen aufgrund der Klebereigenschaften auch 7–8 Minuten.

Öl- und Gewürze Wie in jedem Kochbuch sind die Mengenangaben von Fett und Gewürzen relativ. Die Fettmenge ist mitunter abhängig vom Material des Kochgeschirrs. So brauchen Sie in einer beschichteten Pfanne wesentlich weniger Fett als z.B. in einer gusseisernen unbeschichteten Pfanne. Edelstahlpfannen sind für die vegane Küche nach meiner Erfahrung ungeeignet. Bitte nehmen Sie meine Mengenangaben von Fett daher als Richtwert und variieren Sie, je nach verwendetem Kochgeschirr und persönlichem Geschmack. Das gleiche gilt natürlich auch für die Mengenangaben von Gewürzen. Bei getrockneten Kräutern ist die Qualität äußerst entscheidend, ob Sie mehr oder weniger benötigen. Bitte betrachten Sie daher meine Angaben als allgemeinen Richtwert.

Süßen Zum Süßen verwende ich wegen der Vollwertigkeit und der Vermeidung von ungesunden Fabrikzuckerarten nur noch selbst gemachten Dattelsirup, den es leider (noch) nicht zu kaufen gibt. Das ist aber kein Problem, denn er ist im Nu selbst hergestellt. Falls Ihnen das zu umständlich ist, habe ich in den Rezepten als Alternative immer noch Vollrohrzucker und in amerikanischen Rezepten den dort typischen Ahornsirup angegeben. Die Herstellung von Dattelsirup ist wirklich ganz einfach:

Grundrezept für Dattelsirup

⏱ 5 Min. + mindestens 3 Stunden Einweichzeit

frische oder getrocknete Datteln • Wasser

- Frische oder getrocknete Datteln ohne Stein in Wasser mindestens 3 Stunden einweichen. Die Datteln müssen knapp, aber vollständig mit Wasser bedeckt sein. Anschließend im Mixer oder mit dem Zauberstab sehr fein pürieren.

- Die Konsistenz kann mit Wasser verlängert werden. Allerdings ist die Süßkraft am stärksten, je geringer die Wassermenge ist.

Hinweis Eine konkrete Gramm- und Wassermengen-Angabe ist nicht möglich, da Datteln einen sehr unterschiedlichen Feuchtigkeitsgehalt und somit ein unterschiedliches Gewicht bei gleicher Größe haben können.

Zum Schluss möchte ich Ihnen noch das sogenannte »Mise en place« ans Herz legen. Das bedeutet: Bitte lesen Sie sich das Rezept einmal ganz durch und stellen Sie sich sämtliche Zutaten, Gewürze und Arbeitsutensilien bereit, bevor Sie mit der Zubereitung beginnen. Das vereinfacht den reibungslosen Arbeitsablauf erheblich und spart Zeit.

Nun wünsche ich Ihnen viel Spaß bei der Zubereitung der Rezepte, viel Genuss und tolle neue Geschmackserlebnisse beim Essen. Mit diesen Rezepten möchte ich Ihnen nicht nur die verschiedenen Geschmackserlebnisse dieser Welt vorstellen, sondern auch gesundes und nachhaltiges Essen, wie es den Empfehlungen der namhaftesten veganen Ernährungsexperten entspricht.

Ihre Gabriele Lendle
www.gabriele-lendle.com

Italien

Knusprige Pizza, leckere Dolci und dazu ein Gläschen süffigen Vino … holen wir uns gemeinsam ein (veganes) Stückchen dolce Vita in die heimischen vier Wände!

Typisch italienisch und einfach lecker

Minestrone

Für 2 Personen
⊘ 50 Min.

- ½ Dose Cannellini-Bohnen
  (Abtropfgewicht 120 g)
- 80 g Schalotten
- 1 Knoblauchzehe
- 1 Peperoni
- 150 g Karotten
- 100 g Staudensellerie
- 150 g Fenchel

- 2 EL Olivenöl
- 100 ml Weißwein
- 500 ml Gemüsebrühe
- 150 g Tomaten
- 50 g Mangold (oder Spinat)
- 1 kleiner Zweig Rosmarin
  (oder ½ TL getrockneter)

- 1 Zweig Oregano
  (oder ½ TL getrockneter)
- 50 g kurze Makkaroni
- 3 TL Tomatenmark
- Salz
- Pfeffer

● Bohnen in ein Sieb schütten, waschen und abtropfen lassen.

● Schalotten schälen und in halbe Ringe schneiden. Knoblauch schälen und in Scheiben schneiden. Peperoni waschen und in feine Ringe schneiden. Karotten waschen und in dünne Scheiben schneiden. Sellerie waschen und schräg in feine Ringe schneiden. Fenchel waschen und in feine Streifen schneiden. Das Fenchelgrün waschen und beiseitelegen für die Garnitur.

● Öl in einem Topf erhitzen. Schalotten glasig braten, Knoblauch und Peperoni hinzufügen und kurz mitbraten. Das Gemüse hinzufügen, unter Rühren 1 Min. anbraten, mit Weißwein und Gemüsebrühe ablöschen. Aufkochen und zugedeckt bei kleinster Hitze leise kochen lassen.

● Die Tomaten am Strunk kreuzweise einschneiden, mit kochendem Wasser übergießen,

kurz ziehen lassen und kalt abschrecken. Die Haut abziehen und das Fruchtfleisch in Würfel schneiden. Mangold waschen, Stiele entfernen und die Blätter in Streifen schneiden. Rosmarin und Oregano waschen und trocken tupfen. Vom Rosmarin die Nadeln abzupfen und vom Oregano die Blättchen. Beides fein hacken.

● Tomaten, Kräuter, Bohnen und Makkaroni zur Suppe geben und je nach Garzeit der Makkaroni etwa 8 Min. weiterkochen. Zum Schluss den Mangold und das Tomatenmark unterrühren und erwärmen, bis der Mangold zusammengefallen ist. Die Suppe mit Salz und Pfeffer abschmecken und mit dem Fenchelgrün bestreut servieren.

Das passt dazu Cashewparmesan (Seite 26)

Eine leckere Spezialität aus der Küche Siziliens

Pasta alla Norma

Für 2 Personen
⊘ 45 Min.

Für den Cashew-Ricotta
- 10 große Blätter frisches Basilikum
- 6 getrocknete Tomaten (etwa 20 g)
- 75 g ungesalzene Cashew-kerne
- 4–8 EL Wasser
- 1 EL Zitronensaft

- ½ TL Salz
- 1 geh. EL Hefeflocken
- 1 EL Olivenöl
- 1 EL Tomatenmark
- 2 EL Dinkel-Semmelbrösel

Für Pasta und Sauce
- 250 g Penne (z. B. Rigatoni oder Spaghetti)
- 1 kleine Aubergine (ca. 200 g)

- Meersalz
- 400 g Tomaten
- 1–2 Knoblauchzehen
- 5 EL Olivenöl
- schwarzer Pfeffer
- 1 TL Dattelsirup (Seite 13) oder Vollrohrzucker
- 1 EL Zitronensaft
- 10 Blätter frisches Basilikum

● Für den Ricotta das Basilikum waschen und zusammen mit den getrockneten Tomaten, Cashewkernen, Wasser, Zitronensaft, Salz, Hefeflocken, Olivenöl und Tomatenmark in einem leistungsstarken Mixer pürieren. Zum Schluss die Semmelbrösel untermixen und durchziehen lassen.

● Die Nudeln al dente kochen. Nudeln und Sauce sollten gleichzeitig fertig sein.

● Die Aubergine waschen, in Würfel schneiden, mit Salz bestreuen und etwa 15 Min. ziehen lassen. Währenddessen die Tomaten häuten und würfeln. Knoblauch schälen und fein hacken.

● 1 EL Olivenöl in einem Topf erhitzen. Knoblauch andünsten, Tomatenwürfel hinzufügen und offen bei mittlerer Hitze etwa 15 Min. leicht köcheln lassen. Mit Salz, Pfeffer, Dattelsirup und Zitronensaft abschmecken.

● Die Auberginenwürfel mit Küchenkrepp trocken tupfen. Das restliche Öl in einer separaten Pfanne erhitzen und die Auberginen darin unter Wenden etwa 4 Min. anbraten. Tomatensauce hinzufügen und alles zugedeckt bei kleiner Hitze 10 Min. leise köcheln lassen. Die Hälfte des Cashew-Ricotta zugeben und bei Bedarf noch mal mit Salz und Pfeffer abschmecken.

● Basilikum waschen, trocken tupfen und mit den Händen grob zerkleinern. Zum Schluss unter die Sauce rühren.

● Die Sauce über die al dente gekochten Nudeln geben, mit Basilikum bestreuen und mit dem restlichen Cashew-Ricotta servieren.

Nicht nur für Pilzfans

Fettuccine mit frischen Pfifferlingen

Für 2 Personen
⊘ 35 Min.

300 g Fettuccine • 300 g frische Pfifferlinge • etwa 40 g Mehl • 2–3 Schalotten • 1–2 Knoblauchzehen • 300 g Tomaten • ½ Bund Petersilie • 3–4 EL Olivenöl • 100 g Hafersahne • 1 Msp. Cayennepfeffer • schwarzer Pfeffer • Salz • 1 EL Zitronensaft

● Die Fettuccine al dente kochen, abseihen und bis zum Gebrauch beiseitestellen.

● Pfifferlinge ungewaschen in ein Nudelsieb geben (kein Haarsieb, sondern eines mit größeren Löchern), Mehl darüberstäuben und die Pfifferlinge mit den Fingern vorsichtig vermischen, bis alle Lamellen der Pilze mit Mehl bedeckt sind. Dann das Sieb 2–3-mal kurz in eine große Schüssel mit kaltem Wasser eintauchen, eventuell noch etwas Wasser darüberlaufen lassen. Die Pfifferlinge auf Küchenkrepp trocknen lassen.

● Schalotten und Knoblauch schälen und fein hacken. Tomaten waschen und in Würfel schneiden. Petersilie waschen und fein hacken.

● In einer Pfanne das Öl erhitzen, Schalotten und Knoblauch 1–2 Min. anbraten, Hitze reduzieren, Pfifferlinge hinzufügen und weitere 5 Min. unter Wenden anbraten. Tomatenwürfel hinzufügen und ebenfalls 5 Min. unter Wenden anbraten. Mit Hafersahne ablöschen und mit Cayennepfeffer, Pfeffer, Salz und Zitronensaft abschmecken. Die Fettuccine vorsichtig untermischen und alles mit Petersilie bestreut servieren.

Italienischer Herbst

Pasta mit Walnuss-Sauce

Für 2 Personen
⊘ 25 Min.

300 g Spaghetti oder Rigatoni • 1 altbackenes Brötchen • ½ Tasse Sojamilch • 1 Knoblauchzehe • 70 g Walnusskerne • ¼–½ TL Salz • 1 TL Zitronensaft • 3 EL Hafersahne • 4 EL feinstes Olivenöl • schwarzer Pfeffer

● Die Pasta in Salzwasser al dente kochen. Bitte die Kochzeit so einplanen, dass Sauce und Pasta gleichzeitig fertig sind, weil die Sauce kalt unter die heißen Spaghetti gemischt wird.

● Das Brötchen in Brösel reiben und in der Sojamilch einweichen. Knoblauch schälen und fein hacken. Die Walnusskerne im Mörser fein zerstoßen. Die Semmelbrösel gut ausdrücken und zusammen mit Knoblauch, Salz und dem Zitronensaft unter die zerstoßenen Walnüsse mischen. Nach und nach Sahne und Olivenöl mit einem EL unterrühren, bis eine cremige Sauce entsteht.

● Die Sauce unter die noch heiße Pasta mischen und mit etwas schwarzem Pfeffer bestreut servieren.

Tipp Bitte nicht im Mixer zubereiten, sonst geht die kernige Konsistenz der Walnüsse verloren.

Italien

Veganer Ricotta – total lecker

Penne mit Brokkoli und Cashew-Ricotta

Für 2 Personen
⊘ 35 Min.

Für den Cashew-Ricotta
10 Blätter frisches Basilikum • 20 g getrocknete Tomaten • 75 g ungesalzene Cashew-Kerne • 4–8 EL Wasser • 1 EL Zitronensaft • ½ TL Salz • 1 geh. EL Hefeflocken • 1 EL Olivenöl • 1 EL Tomatenmark • 2 EL Dinkel-Semmelbrösel
Für die Penne und das Gemüse
250 g Penne • 1 Knoblauchzehe • 2 Schalotten • 200 g Brokkoli-Röschen • 15 g getrocknete Tomaten • 1 kleiner Bund Rucola • 2 EL Olivenöl • 2 EL Mandelblättchen • Salz • Pfeffer • 1 Prise Muskat

● Cashew-Ricotta (Seite 18) zubereiten.

● Die Nudeln al dente kochen. Eine Tasse Nudelwasser auffangen.

● Knoblauch und Schalotten schälen und fein hacken. Die Brokkoli-Röschen in kochendem Salzwasser 3 Min. blanchieren, abseihen und abtropfen lassen. Getrocknete Tomaten in feine Streifen schneiden. Rucola waschen und grob schneiden.

● Olivenöl erhitzen. Knoblauch, Schalotten, getrocknete Tomaten und Mandelblättchen etwa 2–3 Min. unter Wenden anbraten. Brokkoliröschen hinzufügen und weitere 2 Min. bei mäßiger Hitze mitbraten. Mit Salz und Pfeffer abschmecken. Nudeln und Nudelwasser untermengen und den Ricotta unterrühren. Nochmal mit Salz, Pfeffer und Muskat abschmecken. Den Rucola vorsichtig untermengen und servieren.

Einfach und raffiniert und total lecker!

Spaghetti mit Oliven, Apfelkapern und Feigen

Für 2 Personen
⊘ 30 Min.

250 g Spaghetti • 1 kleines Bund frische gemischte Kräuter (z. B. Basilikum, Rosmarin, Salbei, Petersilie, Schnittlauch, Oregano) • 1 Bio-Zitrone • 1–2 Knoblauchzehen • 1 rote Peperoni • 2–3 EL Pinienkerne • 2 frische Feigen • 7 EL Olivenöl • 12 schwarze Oliven • 50 g Apfelkapern (ersatzweise Kapern) • Salz • Pfeffer • 10 Blätter Basilikum zum Garnieren

● Spaghetti in Salzwasser al dente kochen und abseihen. Bitte etwa ½ Tasse Nudelwasser aufheben.

● Kräuter fein hacken. Sie benötigen etwa 3 EL davon. Zitrone waschen und die Schale abreiben. Knoblauch schälen und fein hacken. Peperoni waschen und in feine Ringe schneiden. Pinienkerne in einer Pfanne ohne Fett rösten, herausnehmen und beiseitestellen. Feigen waschen und achteln.

● Das Olivenöl in der Pfanne erhitzen, Hitze etwas reduzieren und Knoblauch, Peperoni und Zitronenabrieb 2 Min. anbraten, dabei die Pfanne immer wieder schwenken, damit nichts anbrennt. Kräuter, Oliven und Kapern hinzufügen und kurz mitbraten. Die Spaghetti mit etwas Nudelwasser in die Pfanne geben und alles gut vermischen. Mit Salz und Pfeffer kräftig abschmecken, die Pinienkerne untermischen und mit Basilikum und den Feigen garniert servieren.

❯ Penne mit Brokkoli und Cashew-Ricotta

lasagne
per tutti!

Lasagne einmal anders
Spinat-Basilikum-Lasagne

Für 4 Personen, für eine Auflaufform von etwa 30 × 25 cm
⊘ etwa 40 Min. + 45 Min. Backzeit

Für die Lasagne
- 1 kg frischer Blattspinat
- 200 g Champignons
- 1 große Zwiebel
- 1 Knoblauchzehe
- 1 EL Olivenöl
- Salz

- schwarzer Pfeffer
- 250 g Dinkel-Lasagneblätter
- 150 g veganer Käse zum Über-
  backen, z. B. Wilmersburger

Für die Béchamelsauce
- 1 Bund Basilikum
- 2 EL Olivenöl

- 2 geh. EL Mehl
- ½ Liter Reismilch, ungesüßt
- Salz
- schwarzer Pfeffer
- 1 Prise Muskat
- 1 TL Zitronensaft

● Spinat waschen und die Stängel entfernen. Die Spinatblätter in reichlich kochendem Salzwasser 3 Min. blanchieren, abseihen und gut abtropfen lassen. Champignons mit Küchenkrepp reinigen und in feine Scheiben schneiden. Zwiebel und Knoblauch schälen und fein hacken.

● Den Backofen auf 160 °C Umluft (oder 180 °C Ober-/Unterhitze) vorheizen.

● Öl in einer beschichteten Pfanne erhitzen, Zwiebel und Knoblauch darin glasig braten. Die Pilze hinzufügen und etwa 5 Min. unter Wenden bei mäßiger Hitze anbraten. Mit Salz und Pfeffer abschmecken, den Spinat untermischen und beiseitestellen.

● Für die Sauce Basilikum waschen, die Blätter abzupfen und fein hacken. In einem Topf das Öl erhitzen, Mehl einstreuen und mit dem Schneebesen gut einrühren. Die Milch nach und nach unterrühren. Bei kleiner Hitze unter Rühren etwa 10 Min. köcheln lassen, bis sie etwas eingedickt ist. Basilikum untermischen, mit Salz, Pfeffer und etwas Muskat abschmecken.

● Den Käse fein reiben oder in feine Scheiben schneiden.

● Eine Auflaufform einfetten und abwechselnd Lasagneblätter, Béchamelsauce, Spinatmischung und Käse schichten. Mit Sauce und Käse enden. Im Ofen etwa 45 Min. goldbraun backen und heiß servieren.

Variante Statt des veganen Käses können Sie auch selbst gemachte Käsecreme (Seite 42) verwenden.

Tipp Damit gekaufte Lasagneblätter beim Backen auch wirklich weich werden, achten Sie bitte darauf, dass Sie diese gut und gleichmäßig mit Béchamelsauce bedecken.

Italien-Feeling mit frischen Kräutern und Tomaten

Pasta mit Tomaten-Kräuter-Sugo

Für 2 Personen
⏱ 20 Min.

- 250 g Pasta
- 500 g frische Fleischtoma-ten (oder eiförmige Roma-Tomaten)
- 1 Knoblauchzehe
- etwa 20 Blätter frisches Basilikum
- 5 Stängel Petersilie
- etwa 8 Salbeiblätter
- ein kleiner Zweig Rosmarin
- 1 Msp. Oregano (frisch oder getrocknet)
- 1 EL feinstes Olivenöl extra vergine
- Salz
- schwarzer Pfeffer
- Olivenöl zum Beträufeln

● Pasta in Salzwasser al dente kochen, abseihen und abtropfen lassen.

● Währenddessen Tomaten waschen, am Strunk kreuzweise einschneiden, in einer Schüssel mit kochend Wasser übergießen, kurz ruhen lassen, kalt abschrecken und die Haut abziehen. Anschließend das Fruchtfleisch in kleine Stücke schneiden, dabei das Mark und die Kerne entfernen. Knoblauch schälen und fein hacken.

● Kräuter waschen und trocken tupfen. Basilikumblätter und Rosmarinnadeln von den Stängeln zupfen. Alle Kräuter sehr fein hacken. Zum Garnieren ein wenig gehackte Kräuter beiseitestellen.

● Öl in der Pfanne erhitzen, Knoblauch darin kurz anbraten, die Tomatenstücke hinzufügen und kurz mitbraten. Hitze reduzieren, Kräuter hinzufügen und unter gelegentlichem Wenden etwa 10 Min. leise köcheln lassen. Mit Salz und Pfeffer abschmecken. Die fertig gegarte Pasta untermischen und mit den zum Garnieren beiseitegestellten Kräutern servieren.

Tipp Wer möchte, kann das Gericht noch mit etwas Olivenöl beträufeln. Schmeckt prima!

Italien 25

Überraschungspizza mit Mangold und Pfifferlingen
Pizza Calzone

Für 2 Personen
⊘ 50 Min. + 45 Min. Gehzeit des Teigs + 12 Min. Backzeit

Für den Pizzateig
- 250 g Dinkelmehl
- 1 TL Salz
- 12 ½ g frische Hefe
- ca. 125 ml lauwarmes Wasser
- 15 ml Olivenöl

Für die Füllung
- 120 g Pfifferlinge
- 1–2 EL Mehl
- 500 g Mangold
- 1 Zwiebel
- 1 Knoblauchzehe
- 2 Tomaten

- 2 EL Olivenöl
- Salz
- Pfeffer
- 2 Msp. Cayennepfeffer
- 1 TL Majoran, getrocknet
- 1 TL Zitronensaft
- Olivenöl zum Beträufeln

● Mehl und Salz in einer Schüssel mischen. Hefe zerbröckeln, mit etwas lauwarmem Wasser in einer zweiten Schüssel verrühren und mit dem Öl zum Mehl geben. Zu einem geschmeidigen Teig kneten, dabei das restliche Wasser nach und nach dazugeben. An einem warmen Ort zugedeckt etwa 45 Min. gehen lassen.

● Die Pfifferlinge ungewaschen in ein Nudelsieb geben, Mehl darüberstäuben und die Pilze vorsichtig mit den Fingern vermischen, bis sich das Mehl gleichmäßig in den Lamellen der Pilze verteilt hat. Nun das Sieb 2–3-mal kurz in eine große Schüssel mit kaltem Wasser tauchen und mit fließendem Wasser kurz abwaschen.

● Mangold waschen, die Stiele entfernen und beiseitelegen. Mangold in einem Topf mit kochendem Salzwasser 2 Min. blanchieren, abseihen, kalt abschrecken und gut abtropfen lassen. Etwa 40 g der Stiele in feine Stücke schneiden, den Rest für einen anderen Zweck verwenden.

● Den Backofen auf 240 °C Ober-/Unterhitze vorheizen.

● Zwiebel und Knoblauch schälen und fein hacken. Tomaten waschen, auf Wunsch häuten und in kleine Würfel schneiden.

● Olivenöl in einer Pfanne erhitzen. Knoblauch, Zwiebel und Mangold-Stiele darin glasig dünsten. Die Pilze hinzufügen und unter Wenden etwa 2–3 Min. anbraten. Mit Salz, Pfeffer, Cayennepfeffer und Majoran würzen. Mangold und Zitronensaft unterrühren und etwas abkühlen lassen.

● Den Teig halbieren und jeweils etwa 3 mm dünn kreisrund auf einer bemehlten Arbeitsfläche ausrollen. Die Fülle jeweils in die Teigmitte setzen, mit Olivenöl beträufeln, den Teig zu einem Halbmond zusammenklappen und den Rand durch Zusammendrücken mit den Fingern dicht verschließen. Im Ofen etwa 12 Min. backen und heiß servieren.

Meine Lieblingspizza im Sommer auf der Terrasse

Pizza Estate

Für 1 Blech, etwa 20 Stück

🕒 30 Min. + 45 Min. Gehzeit des Teigs + 15–20 Min. Backzeit

Für den Pizzaboden
- 500 g Dinkelmehl
- 2 TL Salz
- ½ Würfel frische Hefe
- ca. 250 ml lauwarmes Wasser
- 4 EL Olivenöl

Für den Belag
- 300 g Cocktailtomaten
- 200 g frische Champignons
- 2 Knoblauchzehen

- 1–2 grüne Peperoni
- 1 Dose stückigeTomaten (240 g Abtropfgewicht)
- Salz
- schwarzer Pfeffer
- 2 TL Oregano, getrocknet (oder frisch)
- 2 TL Thymian, getrocknet (oder frisch)
- 1 Bund Rucola

- Balsamico-Essig zum Beträufeln

Für den Cashew-Parmesan
- 50 g Cashewkerne
- 1½ EL Dinkel-Semmelbrösel
- ½ TL Salz
- 3 EL Hefeflocken
- schwarzer Pfeffer

● Mehl und Salz in einer Schüssel mischen. Hefe zerbröckeln, mit etwas lauwarmem Wasser in einer zweiten Schüssel verrühren und mit dem Öl zum Mehl geben. Zu einem geschmeidigen Teig kneten, dabei das restliche Wasser nach und nach dazugeben. An einem warmen Ort zugedeckt etwa 45 Min. gehen lassen.

● Den Backofen auf 220 °C Unter-/Oberhitze vorheizen.

● Cocktailtomaten waschen und halbieren. Champignons mit Küchenkrepp reinigen und in feine Scheiben schneiden. Knoblauch schälen und fein hacken. Peperoni waschen und in feine Ringe schneiden.

● Das Blech einfetten. Den Teig auf einer bemehlten Arbeitsfläche ausrollen und das Backblech damit auskleiden. Einen kleinen Rand hochziehen. Die Tomaten aus der Dose darauf verteilen und mit Salz und Pfeffer kräftig würzen. Champignons, Tomatenhälften, Knoblauch

und Peperoni-Ringe gleichmäßig darüber verteilen und mit Oregano und Thymian bestreuen. Die Pizza etwa 15–20 Min. backen.

● In der Zwischenzeit den Rucola waschen und grob schneiden.

● Für den Cashew-Parmesan alle Zutaten in einem leistungsstarken Mixer vermixen, siehe Seite 26.

● Die fertige Pizza mit Cashew-Parmesan bestreuen, mit dem Rucola belegen und mit etwas Balsamico-Essig beträufelt servieren.

Diese Pizza ist richtig schön saftig!

Pizza Funghi

Für 1 Blech, etwa 20 Stücke
⏱ 1 Stunde + 30 Min. Backzeit

Für den Pizzaboden
- 500 g Dinkelmehl
- 2 TL Salz
- ½ Würfel frische Hefe
- ca. 250 ml Wasser
- 4 EL Olivenöl
- Öl zum Einfetten des Blechs

Für den Belag
- 3 EL fein gehackte, getrocknete Steinpilze

- 1–2 Knoblauchzehen
- 500 g Fleischtomaten
- 600 g frische gemischte Pilze
- 1 Bund Frühlingszwiebeln
- 1 TL Paprika, edelsüß
- 1 EL Zitronensaft
- Salz
- schwarzer Pfeffer
- 150 g Tomatenmark
- 4 EL Olivenöl

- 1 Bund Petersilie

Für den Hefeschmelz
- 75 ml Sonnenblumenöl
- 2 EL Mehl
- 225 ml kaltes Wasser
- 6 EL Hefeflocken
- 1 gestrichener TL Paprika, edelsüß
- 1½ TL Meersalz
- 1½ TL Senf

● Mehl und Salz mischen. Hefe zerbröckeln, in etwas lauwarmem Wasser auflösen und mit dem Öl zum Mehl geben. Zu einem geschmeidigen Teig kneten, dabei das restliche Wasser nach und nach dazugeben. An einem warmen Ort zugedeckt etwa 45 Min. gehen lassen.

● Den Backofen auf 180 °C Unter-/Oberhitze vorheizen.

● Die Steinpilze waschen und 15–30 Min. in Wasser einweichen. Knoblauch schälen und fein hacken. Tomaten waschen und in sehr dünne Scheiben schneiden. Die frischen Pilze mit Küchenkrepp reinigen und in Scheiben schneiden. Frühlingszwiebeln waschen und in Ringe schneiden.

● 2 EL Öl in einer Pfanne erhitzen. Knoblauch und Pilze etwa 5 Min. bei mäßiger Hitze braten. Mit Paprika bestäuben und mit Salz und Pfeffer würzen. Frühlingszwiebeln und Zitronensaft untermischen und abkühlen lassen.

● Für den Hefeschmelz Sonnenblumenöl in einem Topf erhitzen. Das Mehl mit einem Schneebesen unterrühren, mit dem Wasser ablöschen und unter Rühren kurz aufkochen, bis die Masse dickflüssig ist. Hefeflocken, Paprika, Salz und Senf unterrühren. Kurz köcheln lassen.

● Den Teig ausrollen und ein gefettetes Backblech damit auskleiden. Einen Rand hochziehen. Tomatenmark und 2 EL Olivenöl vermischen und auf dem Teigboden verteilen. Tomatenscheiben darauflegen und etwas salzen und pfeffern. Das Pilz-Zwiebel-Gemisch darauf verteilen und den Hefeschmelz esslöffelweise darübergeben. Im Ofen etwa 35 Min. backen. Mit frischer Petersilie bestreut servieren.

Ein leichtes Risotto für heiße Sommertage

Zucchini-Risotto mit Cocktail-Tomaten und Oliven

Für 2 Personen
⊘ 35 Min.

- 300 g Zucchini
- 2 Schalotten
- 1 Knoblauchzehe
- 250 g Cocktail-Tomaten
- 2 EL Olivenöl

- 200 g Risotto-Reis (Rundkorn-reis, z. B. Arborio)
- 100 ml Weißwein
- etwa 700 ml heiße Gemüse-brühe

- 2 EL Olivenöl
- 20 schwarze Oliven
- Salz
- Pfeffer
- 1 EL Zitronensaft

● Zucchini waschen und in nicht zu kleine Würfel schneiden. Schalotten und Knoblauch schälen und fein hacken. Cocktail-Tomaten waschen und trocknen.

● In einer Pfanne 2 EL Olivenöl erhitzen. Knoblauch und Zwiebeln darin etwa 2 Min. unter ständigem Wenden anbraten. Die Hälfte der Zucchini-Würfel und den Reis hinzufügen und 1 weitere Min. anbraten, bis der Reis etwas glasig ist. Mit Weißwein ablöschen und etwa 2 Min. unter Rühren einkochen lassen. Nach und nach einen Teil der Gemüsebrühe hinzufügen und unter ständigem Rühren bei mittlerer Hitze köcheln lassen, bis die Gemüsebrühe verbraucht und der Reis gar ist. Etwa 5 Min. vor Ende der Garzeit die restlichen Zucchini-Würfel unter-rühren.

● In einer zweiten Pfanne 2 EL Olivenöl erhitzen und die Cocktail-Tomaten darin 4–5 Min. rundum anbraten. Die Tomaten mit den Oliven unter das Risotto mischen und mit Salz, Pfeffer und Zitronensaft abschmecken. Bitte beim Salzen vorsichtig sein, da die Gemüsebrühe in der Regel schon Salz enthält. Das Risotto auf 2 Tellern anrichten und servieren.

Schmeck nach Sommer auf Sizilien
Auberginen auf sizilianische Art

Für 4 Personen als Vorspeise oder Beilage
oder für 2 Personen als Hauptgericht
⊘ 40 Min.

- 2 kleine Auberginen
  (je ca. 200 g)
- Salz
- 1 Staudensellerie
- 250 g Tomaten

- 1 große Zwiebel
- 30 g Pinienkerne
- 80 g grüne Oliven ohne Stein
- 7 EL Olivenöl
- 2 EL Rosinen

- 1 EL Kapern
- 6 EL Rotweinessig
- 2 EL Dattelsirup (Seite 13)
  oder 1 EL Vollrohrzucker
- schwarzer Pfeffer

● Auberginen waschen, der Länge nach halbieren, gut salzen und etwa 25 Min. zugedeckt stehen lassen. Staudensellerie waschen und in feine Streifen schneiden. Tomaten am Strunk kreuzweise einschneiden, in einer Schüssel mit kochendem Wasser übergießen, kurz ziehen lassen, dann kalt abschrecken. Die Haut abziehen und in grobe Würfel schneiden. Die Zwiebel schälen und fein hacken. Pinienkerne in einer Pfanne ohne Fett rösten, bis sie zu duften beginnen. Bis zum weiteren Gebrauch beiseitestellen. Oliven in dünne Scheiben schneiden.

● 2 EL Öl in einer Pfanne erhitzen und die Zwiebel glasig anbraten. Sellerie, Rosinen, Kapern, Olivenscheiben und Tomaten hinzufügen und etwa 2 Min. mitbraten. Essig und Dattelsirup (oder Zucker) dazugeben, Hitze reduzieren und 10 Min. zugedeckt köcheln lassen. Anschließend mit Salz und Pfeffer abschmecken.

● Die Auberginen mit Küchenkrepp abtupfen. Das restliche Öl in einer zweiten Pfanne erhitzen und die Auberginenhälften von jeder Seite 3–5 Min. goldbraun anbraten. Die Auberginen auf Tellern anrichten, das Gemüse daraufgeben und mit den Pinienkernen bestreuen.

Das passt dazu frisches Brot und ein leichter Weißwein

Alpen

Unsere Nachbarn aus Österreich und der Schweiz wissen, wie man Bauch und Seele so richtig verwöhnt: Mehlspeisen, Strudel, Fondue & Co. – auf zur veganen Alpentour!

Eine herzhafte Spezialität aus Österreich
Alpen-Strudel mit Kapern-Zitronensauce

Für 2 Personen

⊘ 60 Min. + 2 Stunden Ruhezeit des Strudelteigs + 15 Min. Backzeit

Für den Strudelteig
- 150 g Weizen- oder Dinkelmehl
- ca. 80 ml lauwarmes Wasser
- 1 EL Sonnenblumenöl
- ¼ TL Salz

Für die Strudelfülle
- 50 g Karotte
- 50 g Petersilienwurzel
- 1 Stangensellerie
- 4 Frühlingszwiebeln
- 50 g Champignons
- 1 kleine Knoblauchzehe

- 1 kleines Stück Ingwer
- 1 Bio-Zitrone
- 1–2 EL Kokosöl
- 50 ml Weißwein
- Meersalz
- schwarzer Pfeffer
- 1 Msp. Cayennepfeffer
- 1–2 TL Kokosöl
- 1–2 EL Dinkelsemmelbrösel

Für den Käse
- 1 Rezept Käsecreme (Seite 42)

Für die Sauce
- 6 Stängel Petersilie
- 1 kleine Knoblauchzehe
- 180 g Cashewcreme (Seite 10)
- 75 ml Wasser
- 1½ TL mittelscharfer Senf
- 2 EL Kapern
- 1 EL Zitronensaft
- 1 EL Olivenöl
- Salz
- Pfeffer

● Für den Teig alle Zutaten verkneten, dabei das Wasser nach und nach zugeben. Im Kühlschrank 2 Stunden ruhen lassen.

● Den Backofen rechtzeitig auf 200 °C Ober-/Unterhitze vorheizen.

● Karotte und Petersilienwurzel waschen und in feine Streifen schneiden. Selleriestange und Frühlingszwiebeln waschen und in dünne Ringe schneiden. Champignons in feine Scheiben schneiden. Knoblauch und Ingwer schälen und fein hacken. Zitrone waschen und etwa ½ TL Schale abreiben.

● Öl in einer Pfanne erhitzen. Karotten, Petersilienwurzel, Sellerie, Frühlingszwiebel und Champignons darin 1–2 Min. unter Rühren andünsten. Wein dazugießen und etwa 3 Min. leise köcheln lassen. Knoblauch, Ingwer und Zitro-

nenschale unterrühren und mit Salz, Pfeffer und wenig Cayennepfeffer würzen. Beiseitestellen.

● Die Käsecreme von Seite 42 zubereiten.

● Den Strudelteig auf Backpapier ausrollen. Mit Kokosöl bestreichen und mit Semmelbrösel bestreuen. Das Gemüse auf dem Strudelteig verteilen, einen Rand frei lassen. Käsecreme esslöffelweise darübergeben. Vorsichtig aufrollen und die Teigenden durch leichtes Drücken verschließen. Den Strudel mit dem restlichen Kokosöl bestreichen und auf der mittleren Schiene 15–20 Min. backen.

● Petersilie und Knoblauch fein hacken. Alle übrigen Zutaten für die Sauce miteinander verrühren. Den fertigen Gemüsestrudel in Scheiben schneiden und mit der Sauce servieren.

Nicht nur für hungrige Österreicher
Erdäpfel-Strudel

Für 2 Personen
⏱ 35 Min. + 40 Min. Backzeit

Für den Strudelteig
- 150 g Dinkelmehl
- 1 EL Sonnenblumenöl
- ¼ TL Salz
- 1 TL Obstessig
- etwa 90 ml lauwarmes Wasser

Für die Füllung
- 650 g mehligkochende Kartoffeln
- 1 Zwiebel
- Salz
- schwarzer Pfeffer
- 1 Prise Muskat
- 3–4 EL Pflanzenöl

● Für den Strudelteig Mehl, Öl, Salz und Essig in eine Schüssel geben. Nach und nach Wasser hinzufügen und mit den Händen schnell zu einem geschmeidigen Teig kneten. In Frischhaltefolie wickeln und bis zum weiteren Gebrauch in den Kühlschrank legen.

● Den Backofen auf 190 °C Ober-/Unterhitze vorheizen.

● Kartoffeln waschen, schälen, mit der Rohkostreibe raffeln, in ein Sieb geben und etwas ausdrücken. Die Zwiebel schälen und fein hacken. Zusammen mit den Kartoffeln in eine Schüssel geben und mit Salz, Pfeffer und Muskat würzig abschmecken.

● Den Strudelteig auf einer Lage Backpapier etwa 30 × 30 cm groß ausrollen. (Sie können den Teig auch zwischen zwei Lagen Backpapier ausrollen, dabei immer wieder wenden und das Backpapier geradeziehen.) Die Teigplatte mit Öl bepinseln, die Kartoffelmasse in der Mitte der Länge nach daraufgeben und mit etwas Öl beträufeln. Die Teigplatte an den beiden schmalen Seiten über der Füllung nach innen falten. Die beiden anderen Seiten über der Kartoffelmasse verschließen. Den Strudel mit Hilfe des Backpapiers mit der Nahtseite nach unten drehen. Das Backpapier mit dem Strudel auf ein Backblech legen, mit Öl bepinseln und im Backofen etwa 40 Min. backen.

● Den fertigen Strudel halbieren und auf großen Tellern anrichten.

Das passt dazu Gurkensalat

Eine vegane Interpretation dieses traditionellen Gerichts

Südtiroler Schlutzkrapfen

Für 2 Personen
⊘ Etwa 1 Stunde

Für den Teig
- 130 g Cashewcreme
  (Seite 10)
- 60–70 ml Wasser
- 180 g Dinkelmehl
- 1 EL Kichererbsenmehl
- 3 EL Mineralwasser mit
  Kohlensäure
- ½ TL Salz

Für die Füllung
- 160 g Cashewcreme
  (Seite 10)
- 75–85 ml Wasser
- ½ TL Johannisbrotkernmehl
- 2–3 EL Hefeflocken
- Pfeffer
- Salz
- 1–2 Msp. Cayennepfeffer

- 200 g frischer Spinat
- 1 Knoblauchzehe
- 1 Zwiebel
- 1 kleines Bund Schnittlauch
- 1 TL Kokosöl
- 1 Msp. Muskat
- ½ TL Paprika, edelsüß

● Alle Teig-Zutaten in einer Schüssel vermengen und mit den Händen zu einem geschmeidigen Teig verkneten. Der Teig darf ein wenig klebrig sein. Im Kühlschrank eine halbe Stunde ruhen lassen.

● Für die Fülle Cashewcreme, Johannisbrotkernmehl, Hefeflocken, Pfeffer, Salz und Cayennepfeffer gut durchmixen. Es entsteht eine dickflüssige Masse.

● Spinat waschen, von den Stielen befreien und die Blätter in Streifen schneiden. Knoblauch und Zwiebel schälen und fein hacken. Schnittlauch waschen und in feine Röllchen schneiden.

● In einer Pfanne das Öl erhitzen. Zwiebel und Knoblauch etwa 2 Min. anbraten, die Spinatstreifen hinzufügen und so lange unter Wenden mitbraten, bis sie zusammenfallen. Die Pfanne vom Herd nehmen, die Cashew-»Käse«-Creme und die Hälfte des Schnittlauchs unterrühren, mit je 1 Prise Muskat, Salz und Pfeffer abschmecken.

● Einen großen Topf mit Salzwasser zum Kochen bringen.

● Den Teig auf einer bemehlten Arbeitsfläche dünn ausrollen und mit einem Glas kreisrunde Formen ausstechen. Teelöffelweise die Fülle auf die Mitte der Hälfte der ausgestochenen Kreise geben, mit je einem Teigkreis bedecken und mit einem Ravioli-Rad die Ränder gleichzeitig verschließen und verzieren.

● Die Teigtaschen in Salzwasser etwa 5–7 Min. ziehen lassen (knapp unter dem Siedepunkt). Mit einer Schaumkelle herausschöpfen und auf 2 Tellern anrichten. Mit Paprika edelsüß bestäuben und mit dem restlichen Schnittlauch bestreuen.

Das passt dazu Tomatensalat

Tipp Wenn Sie keinen leistungsstarken Mixer haben, können Sie auch Cashewmus mit Wasser zu einer dickflüssigen Konsistenz verrühren.

Gut aufzubewahren und immer beliebt
Linzer Torte

Für 1 Springform (24 cm ⌀)
⊘ Etwa 30 Min. + 3–4 Stunden Ruhezeit + 1 Stunde Backzeit

- 200 g ganze Mandeln (ersatzweise gemahlene Mandeln)
- 1 Bio-Zitrone
- 150 g Dinkel- oder Weizenmehl
- 1 EL Soja- oder Kichererbsenmehl
- 2 EL Mineralwasser mit Kohlensäure
- 2 EL Kirschwasser
- 125 ml Dattelsirup (Seite 13) oder Vollrohrzucker
- 2 TL Kakaopulver
- 1 TL Zimt
- ½ TL gemahlene Gewürznelken
- 50 ml Sonnenblumenöl
- etwa 200 g Johannisbeer-Marmelade
- 2 EL Sojamilch zum Bestreichen

● Mandeln in einer Pfanne ohne Fett unter Rühren kurz anrösten, bis sie zu duften beginnen. Abkühlen lassen und mahlen.

● Die Zitrone waschen, abtrocknen und 1 TL Schale abreiben.

● Die gemahlenen Mandeln in einer Schüssel mit Mehl, Sojamehl, Mineralwasser, Kirschwasser, Dattelsirup, Kakao, Zitronenschale, Zimt und Nelken mischen. Sonnenblumenöl dazugießen und mit den Händen in etwa 5 Min. zu einem Mürbeteig verkneten. Zu einer Kugel formen, in Frischhaltefolie wickeln und 3–4 Stunden in den Kühlschrank legen.

● Die Springform einfetten. Zwei Drittel des Teiges auf wenig Mehl etwas größer als die Form ausrollen. Die Springform damit auslegen und einen etwa 2 cm hohen Rand formen. Den Boden mit Marmelade bestreichen.

● Den restlichen Teig ausrollen und mit einem Teigrädchen in schmale Streifen schneiden. Diese gitterförmig auf die Torte legen. Die Teigstreifen und -ränder mit Sojamilch bestreichen.

● Die Torte auf der 2. Schiene von unten in den kalten Backofen schieben und bei 160 °C Ober-/Unterhitze etwa 60 Min. backen.

Tipp Die Torte sollte vor dem Anschneiden in einer Lebensmitteltüte 2 Tage durchziehen.

Schmeckt auch mit Marillen

Österreichische Zwetschgen-Knödel

Für etwa 15 Stück, je nach Fruchtgröße
⊘ etwa 50 Min.

- 450 g mehligkochende Kartoffeln
- 15 Zwetschgen
- 150 g Einkorn, frisch gemahlen (oder Weizen-/Dinkelmehl)
- 1 Prise Salz
- 1 EL Kichererbsen- oder Sojamehl
- ca. 80–100 ml Wasser
- 2 EL Vollrohrzucker
- 6 EL Semmelbrösel
- ½ TL Zimt

● Die Kartoffeln waschen und in der Schale in Salzwasser etwa 25 Min. gar kochen. Anschließend kalt abschrecken, schälen und durch eine Presse drücken.

● Die Zwetschgen waschen, trocknen, mit einem Messer der Länge nach zur Hälfte aufschneiden, die Kerne entfernen und die Früchte wieder zusammenklappen.

● Das Mehl mit Salz und Kichererbsenmehl mischen. Das Wasser mit einem Schneebesen unterrühren. Die Kartoffelmasse hinzufügen und mit den Händen einen Teig kneten. Eine kleine Teigmenge zu einer Kugel formen, flach drücken, eine Zwetsche darauflegen und den Teig mit den Händen um die Frucht zu einem Knödel formen. Die Frucht verschwindet im Inneren des Knödels. Da der Teig unangenehm klebrig ist, unbedingt die Hände mit Wasser gut befeuchten! Auf diese Art etwa 10–15 Zwetschgenknödel formen (je nach Fruchtgröße).

● Etwa 2 Liter leicht gesalzenes Wasser in einem Topf zum Kochen bringen.

● Vollrohrzucker, Semmelbrösel und Zimt in einer Schüssel mischen.

● Die Knödel portionsweise in das kochende Wasser geben. Sobald sie an der Wasseroberfläche schwimmen, sind sie fertig. Die Knödel mit einem Schaumlöffel herausnehmen und mit der Semmelbrösel-Zucker-Zimt-Mischung servieren, die sich jeder bei Tisch selbst nach Belieben über die Knödel streut.

Tipp Die Zubereitung einer kleineren Menge Knödel lohnt sich zeitmäßig kaum. Die Knödel können Sie ungekocht gut 1–2 Tage im Kühlschrank aufbewahren und zu einem späteren Zeitpunkt kochen.

Herbst in der Schweiz
Tessiner Maronen-Eintopf

Für 2 Personen
⊘ 30 Min. + 1 Stunde Backzeit

- ½ kleiner Weißkohl
  (etwa 350 g Weißkohlblätter)
- 150 g Räuchertofu
- 1 Zwiebel
- 1–2 TL Kokosöl
- 200 g Kartoffeln
- 1 vegane Bratwurst (z. B.
  Thüringer von Fa. Wheaty)

- 200 g gegarte Maronen
- 2 Zweige Majoran
  (oder ½ TL getrockneter)
- 2 Zweige Thymian
  (oder ½ TL getrockneter)
- 10 Nadeln Rosmarin
  (oder ½ TL getrockneter)

- Salz
- schwarzer Pfeffer
- 1–2 Msp. Cayennepfeffer
- 125 ml Gemüsebrühe
- 3 EL Sonnenblumenkerne
- 3 EL Hefeflocken

● Den Kohl in einzelne Blätter teilen, waschen und 5 Min. in kochendem Salzwasser blanchieren. Abseihen und gut abtropfen lassen.

● Den Backofen auf 180 °C Ober-/Unterhitze vorheizen.

● Kartoffeln waschen, schälen und in kleine Würfel schneiden. Die Bratwurst in grobe Stücke schneiden. Vom Majoran und Thymian die Blättchen, vom Rosmarin die Nadeln abzupfen und fein hacken.

● Den Räuchertofu in Würfelchen schneiden. Die Zwiebel schälen und fein hacken. In einer Pfanne das Kokosöl erhitzen. Räuchertofu und Zwiebel darin etwa 10 Min. unter gelegentlichem Wenden anbraten, bis der Tofu knusprig ist. Die Pfanne vom Herd nehmen. Kartoffelwürfel, Maronen und Bratwurststücke untermischen und mit den Gewürzen abschmecken.

● Eine Auslaufform einfetten, den Boden mit der Hälfte der Weißkohlblätter belegen. Das Gemisch aus der Pfanne darüber verteilen, mit Gemüsebrühe begießen und mit den restlichen Kohlblättern belegen.

● Die Sonnenblumenkerne mahlen und mit den Hefeflocken vermischen. Den Auflauf damit bestreuen. Die Auflaufform mit einem Deckel (ersatzweise Alufolie) bedecken und im Ofen etwa 1 Stunde backen.

Nicht nur für Gipfelstürmer
Schweizer Älplermagrone

Für 2 Personen
⏱ 45 Min.

- 250 g festkochende Kartoffeln
- 300 ml Reismilch, ungesüßt
- 150 ml Wasser
- Salz
- 150 g kleine Dinkel-Hörnchen-Nudeln
- 1 große Zwiebel, ca. 180 g
- 1–2 TL Kokosöl

- Salz
- schwarzer Pfeffer
- Muskat
- 1–2 Msp. Paprika, edelsüß
- ½ Bund Schnittlauch

Für die Käsecreme
- 175 g Cashewcreme (Seite 10)

- 1 EL Zitronensaft
- ½ TL Bockshornklee
- ½ TL Schabzigerklee
- 2 EL Hefeflocken
- ½ TL Paprika, edelsüß
- ½ TL Senf
- Salz
- Pfeffer

● Die Kartoffeln waschen, schälen und in kleine Würfel schneiden. In einem Topf mit Reismilch, Wasser und etwas Salz aufkochen. Etwa 10 Min. bei reduzierter Temperatur zugedeckt köcheln lassen. Dann die Nudeln dazugeben und gemäß Packungsanleitung etwa 7 Min. mitkochen. Bis zum Gebrauch beiseitestellen.

● Den Backofen auf 200 °C Ober-/Unterhitze vorheizen.

● Die Zwiebel schälen und in halbe Ringe schneiden. In einer beschichteten Pfanne das Öl erhitzen und die Zwiebelringe darin unter gelegentlichem Wenden etwa 10–15 Min. anbraten.

● Für die Käsecreme alle Zutaten in einer Schüssel mit einem Esslöffel glattrühren.

● Die Käsecreme unter die Kartoffel-Nudel-Masse rühren und mit Salz, Pfeffer, Paprika und Muskat abschmecken.

● Die Masse in eine gefettete Auflaufform geben. Die Zwiebelringe gleichmäßig darauf verteilen. Im Backofen etwa 15 Min. backen.

● Den Schnittlauch waschen und in feine Röllchen schneiden. Den fertigen Auflauf auf 2 Tellern anrichten und mit Schnittlauch bestreut servieren.

Das passt dazu grüne Blattsalate

Richtig schön saftig und eine Sünde wert!

Schweizer Rüblitorte

Für 1 Backblech, etwa 20 Stücke
⊘ 35 Min. + 40 Min. Backzeit

Für den Kuchen
- 400 g Karotten
- 1 Bio-Zitrone
- 250 g Weizenvollkornmehl
- 2 TL Weinsteinbackpulver
- ½ TL Meersalz
- 250 g Mandeln, gemahlen
- 1 TL Zimt
- 1 TL Ingwer, gemahlen
- 200 ml Sonnenblumenöl
- 100 ml Weißwein (geschmacklich wichtig und nicht ersetzbar!)
- 12 EL Dattelsirup (Seite 13) oder 8 EL Vollrohrzucker
- 200 ml Mineralwasser mit Kohlensäure
- Sonnenblumenöl zum Einfetten des Backbleches
- 2 EL Semmelbrösel zum Bestreuen

Für die Glasur
- 100 g Aprikosenmarmelade
- 2 EL Zitronensaft
- 2 EL Kirschwasser
- 50 g Puderzucker

● Backofen auf 175 °C Ober-/Unterhitze vorheizen (Umluft trocknet zu sehr aus).

● Karotten waschen und mit der Rohkostreibe raspeln. Zitrone waschen und die Schale abreiben. Die Hälfte der Zitrone auspressen und 2 EL vom Saft für die Glasur beiseitestellen. Den Rest für einen anderen Zweck verwenden.

● Weizenvollkornmehl (am besten frisch gemahlen) in eine Schüssel sieben und den Schrot wieder hinzufügen. Backpulver, Salz, Mandeln, Zimt und Ingwer untermischen. Mit dem Handrührgerät nach und nach Öl, Wein und Dattelsirup unterrühren. Dann nach und nach das Mineralwasser unterrühren und den Teig mindestens 5 Min. weiterrühren. Zum Schluss die geraspelten Karotten und die Zitronenschale unterheben.

● Ein Backblech mit reichlich Sonnenblumenöl einfetten und mit Semmelbröseln bestreuen. Den Teig gleichmäßig darauf verteilen, etwa 35–45 Min. backen (Stäbchenprobe machen!) und abkühlen lassen.

● Für die Glasur Aprikosenmarmelade, Zitronensaft und Kirschwasser mit einem Löffel glatt rühren und mit einem Backpinsel gleichmäßig auf dem Kuchen verstreichen. Zum Schluss mit Puderzucker besieben.

Tipp Die Torte schmeckt am besten, wenn sie vor dem Servieren zwei Tage durchziehen konnte.

Eine Spezialität aus dem Tessin
Überbackener Polenta-Kuchen

Für eine Auflaufform von 30 × 24 cm oder etwa ⅔ eines Backblechs
⊘ 30 Min. + 15 Min. Backzeit

Für den Polenta-Boden
- 800 ml Gemüsebrühe
- 200 g Polenta (Maisgrieß)
- 1 EL Kokosöl zum Einfetten der Auflaufform

Für den Belag
- 300 g Zucchini
- 400 g große Tomaten
- 1 große rote Zwiebel
- 1 Knoblauchzehe
- 100 g Shitake-Pilze
- 6 in Essig-Sud eingelegte milde Peperoni
- Salz
- schwarzer Pfeffer
- 1½ TL Oregano, getrocknet
- etwas Olivenöl
- 150 g veganer schmelzfähiger Käse (z. B. Wilmersburger Scheiben würzig)

● Die Gemüsebrühe aufkochen, die Polenta einrieseln lassen und unter häufigem Rühren mit dem Schneebesen bei kleiner Hitze etwa 15 Min. köcheln lassen, bis die Gemüsebrühe aufgesogen ist. Etwas abkühlen lassen.

● Den Backofen auf 200 °C Ober-/Unterhitze vorheizen.

● Zucchini und Tomaten waschen und in dünne Scheiben schneiden. Die Zwiebel schälen und in halbe Ringe schneiden. Knoblauch schälen und fein hacken. Shitake-Pilze mit einem Küchenkrepp abreiben und in Scheiben schneiden. Peperoni in einem Sieb abtropfen lassen.

● Auflaufform oder Blech einfetten, die Polenta gleichmäßig darauf verstreichen und mit Tomaten und Zucchini belegen. Salzen und pfeffern. Knoblauch, Pilze und ganze Peperoni darauf verteilen, eventuell noch mal salzen und pfeffern, Oregano darüberstreuen und mit wenig Olivenöl beträufeln. Mit den Käsescheiben belegen und im Ofen auf der mittleren Schiene etwa 15 Min. backen, bis der Käse geschmolzen ist.

Variante Statt der Käsescheiben können Sie auch selbst gemachte Käsecreme (Seite 42) auf dem Polenta-Kuchen verteilen und ihn dann backen. Sehr lecker schmeckt es, wenn Sie zusätzlich 2 EL fein gehackte Kapern unter die Käsecreme mischen.

Ein Schweizer Nationalgericht auf vegane Art

Züricher Geschnetzeltes auf Kartoffel-Rösti

Für 2 Personen
⊘ 50 Min.

Für die Rösti
- 500g festkochende Kartoffeln
- 1 Zwiebel
- ½ TL Salz
- 1 geh. TL Kartoffelstärke (oder Speisestärke)
- 1½–2 EL Kokosöl zum Ausbacken

Für das Geschnetzelte
- 200 g Seitan
- 100 g Champignons
- 1–2 Schalotten
- 1 TL getrockneter Thymian
- ½ TL getrockneter Estragon
- 8 Stängel Petersilie
- 1–2 EL Kokosöl
- 1 gestr. TL Dijon-Senf

- 100 ml Weißwein (oder Gemüsebrühe)
- 150 ml Gemüsebrühe
- etwa 2 EL Mehl
- 100 g Hafersahne
- 1 EL Cognac (optional)
- Salz
- Pfeffer
- 1 Msp. Curry

● Die Kartoffeln waschen, schälen und grob raffeln. Die Zwiebel schälen, fein hacken und mit den Kartoffeln, Salz und Stärke gut vermischen. Etwas ruhen lassen.

● Seitan in mundgerechte Streifen schneiden. Champignons mit einem Küchenkrepp abreiben und in feine Scheiben schneiden. Schalotten schälen und fein hacken.

● Petersilie waschen und fein hacken.

● Öl in einer beschichteten Pfanne erhitzen und die Seitanstreifen unter Wenden etwa 5 Min. anbraten. Herausheben und beiseitestellen.

● Etwas Öl in dieser Pfanne erhitzen und die Schalotten glasig dünsten. Champignons hinzufügen und 2 Min. mitbraten. Senf einrühren, Weißwein und Gemüsebrühe angießen und etwa 1 Min. köcheln lassen. Mehl in die kochende Sauce rühren und weitere 2 Min. bei mäßiger Hitze köcheln lassen, bis sie etwas eindickt.

● Sahne, Thymian, Estragon und Petersilie einrühren und mit Cognac, Salz, Pfeffer und einer Spur Curry abschmecken. Die Seitanstreifen hinzufügen und nochmals in der Sauce erhitzen, nicht mehr kochen.

● Öl in einer zweiten beschichteten Pfanne erhitzen und die Kartoffelmasse hineingeben. Mit einem Pfannenwender flachdrücken und in 4 Portionen teilen. Von beiden Seiten goldbraun anbraten.

● Die Rösti auf 2 Tellern anrichten, das Geschnetzelte darübergeben und servieren.

Ein leckeres Rezept für die Weihnachtszeit
Berner Lebkuchen

Für etwa 20–25 Stück
⊘ 30 Min. + 25 Min. Backzeit + 20 Min. für die Glasur

- 3 EL Kichererbsenmehl
- 10 EL Mineralwasser mit Kohlensäure
- 175 g Vollrohrzucker
- 1 gestrichener TL Vanille
- 1 Msp. Salz
- je 50 g getrocknete Datteln und getrocknete Feigen

- 1 geh. TL Vollkorn-Reismehl
- 3 Nelken
- 3 Kardamomkapseln
- 5 Pimentkörner
- 200 g Vollkorn-Reismehl
- 1 TL Weinsteinbackpulver
- 1 TL veganes Hirschhornsalz
- 200 g gemahlene Mandeln

- 1 TL Zimt
- 10 EL Mineralwasser mit Kohlensäure
- 200 g vegane Zartbitter-kuvertüre

● Den Backofen auf 150 °C Umluft vorheizen.

● Kichererbsenmehl und Mineralwasser mit dem Handrührgerät verrühren. Zucker, Vanillepulver und Salz in einer separaten Schüssel vermengen und nach und nach unterrühren.

● Datteln und Feigen in sehr kleine Würfel schneiden und in einer Schüssel mit 1 TL Reismehl vermischen. Nelken, Kardamomkapseln und Pimentkörner im Mörser fein zerstoßen und die Kardamomschalen entfernen.

● Reismehl, Backpulver und Hirschhornsalz in einer Schüssel vermischen und zusammen mit Mandeln, Gewürzen, Datteln und Feigen nach und nach auf kleinster Stufe des Handrührgeräts unter die Masse heben. Dabei noch etwa 10 EL Mineralwasser unterrühren.

● Ein Backblech mit Backpapier auslegen. Mit den Händen runde Lebkuchen von etwa 0,7 mm Höhe formen und mit etwas Abstand auf das Backblech legen.

● Im vorgeheizten Backofen etwa 20–25 Min. backen.

● Die Lebkuchen auf einem Kuchengitter abkühlen lassen. Die Kuvertüre im Wasserbad schmelzen, erkalten lassen und noch einmal erwärmen. Die Lebkuchen damit dick bestreichen und trocknen lassen.

Tipp Das Hirschhornsalz bewirkt, dass der schwere Teig in die Höhe aufgeht und nicht in die Breite.

Mittelmeer

Bom proveito, bon appétit, kali orexi, ... bereit für eine kulinarische Europatour? Super, dann geht es jetzt nach Portugal, Spanien, Frankreich, Griechenland und in die Türkei.

Portugiesische Grünkohlsuppe

Caldo Verde mit gerösteten Zwiebeln

Für 2 Personen als Hauptmahlzeit
⊘ 45 Min.

- 300 g mehligkochende Kartoffeln
- 1 Knoblauchzehe
- 3 EL Olivenöl
- ca. 800 ml Gemüsebrühe

- 300 g Grünkohl
- ½–1 TL Salz
- schwarzer Pfeffer
- ¼–½ TL Cayennepfeffer
- 1 TL Paprika, edelsüß

- 1 Zwiebel
- 100 g vegane Chorizo (spanisch-portugisische Wurstsorte, z. B. Fa. Wheaty, Bioladen)

● Die Kartoffeln waschen und bürsten, bei Bedarf schälen und in sehr dünne Scheiben schneiden (bei Bio-Kartoffeln esse ich die Schale mit). Knoblauch schälen und fein hacken. 1 EL Olivenöl in einem Topf erhitzen, die Kartoffelscheiben und den Knoblauch darin kurz unter ständigem Wenden anbraten, mit etwa 500 ml Gemüsebrühe ablöschen und zugedeckt bei kleiner Hitze etwa 15 Min. köcheln lassen, bis die Kartoffeln gar sind. Anschließend pürieren und zurück in den Topf geben.

● Grünkohl waschen, die Blätter der Länge nach vom Stiel abschneiden und in feine Streifen schneiden. Die Stiele in sehr dünne Scheiben schneiden. Den Grünkohl zur Suppe geben, noch etwas Gemüsebrühe dazugießen, mit Salz, Pfeffer, Cayennepfeffer und Paprika würzen und mindestens weitere 10 Min. köcheln lassen.

● Die Zwiebel schälen und in feine Ringe schneiden. In einer Pfanne das restliche Olivenöl erhitzen und die Zwiebelringe unter gelegentlichem Wenden knusprig anbraten.

● Die Chorizo in dünne Scheiben schneiden, diese halbieren und in der Suppe erhitzen.

● Die Suppe abschmecken, in 2 Suppenschalen füllen und mit den Zwiebelringen bestreut servieren.

Das passt dazu Maisbrot oder Baguette

Wichtig Grünkohl ist sehr nitratreich und sollte wie Spinat kein 2. Mal erhitzt werden.

Ein leichter Salat für warme Sommertage

Portugiesischer Karotten-Salat

Für 2 Personen
⏲ 20 Min.

250 g Karotten • 1–2 Knoblauchzehen • 1½–2 EL Rotweinessig • 1 EL Zitronensaft • ca. 2 EL Olivenöl • ½ TL Paprika, edelsüß • Salz • Pfeffer • 10 schwarze Oliven • 1 kleines Bund Petersilie

● Die Karotten unter fließendem Wasser bürsten und in dünne Scheiben schneiden. In Salzwasser etwa 10 Min. kochen, bis sie weich sind, aber noch Biss haben. Anschließend abseihen und gut abtropfen lassen.

● Knoblauch schälen und fein hacken. In einer Schüssel den Knoblauch mit Essig, Zitronensaft, Öl, Paprika, Salz und Pfeffer gut verrühren. Die Oliven mit einem Messer grob zerkleinern, dabei den Kern entfernen. Petersilie waschen und fein hacken.

● Karotten und Oliven in einer Schüssel mit dem Dressing vermischen und die Petersilie unterheben.

Das passt dazu frisches Brot

Tipp Noch besser schmeckt der Salat, wenn Sie ihn im Kühlschrank einige Stunden durchziehen lassen. Die Petersilie dann erst kurz vor dem Servieren untermischen.

Eine köstliche Tapas-Variante

Marinierter Lauch

Für 2 Personen als Hauptspeise
⏲ 25 Min. + mindestens 2 Stunden Marinierzeit

1 kg Lauch • Meersalz • ⅛ Liter Weißweinessig • ⅛ Liter Wasser • 3 EL Vollrohrzucker • 50 g Korinthen • 1 Bio-Orange • 2 Peperoni • 50 g Pinienkerne

● Vom Lauch das Grün abschneiden. Die Stangen waschen, längs halbieren und in etwa 5 cm lange Stücke schneiden. Die Lauchteile in Salzwasser etwa 5–10 Min. garen (je nach Dicke der Lauchstangen), abgießen und gut abtropfen lassen. Die Stücke in eine Auflaufform schichten.

● Essig mit Wasser, Zucker und Korinthen aufkochen und etwa 5 Min. bei mäßiger Hitze köcheln lassen. Währenddessen die Orange waschen. Mit einem Sparschäler Zesten abschälen und diese in ganz feine Streifen schneiden. Peperoni waschen und in feine Ringe schneiden.

● Orangenschale und Peperoni zum Sud geben und 5 Min. köcheln lassen.

● Die Pinienkerne in einer Pfanne ohne Fett unter Wenden goldbraun rösten.

● Den heißen Sud mit einem EL über die Lauchteile gießen und die Pinienkerne gleichmäßig darüber verteilen. Mindestens 2 Stunden bei Zimmertemperatur marinieren oder über Nacht in den Kühlschrank stellen.

Eine Pizza-Spezialität aus Mallorca

Coca mit Gemüse

Für 2 Personen als Hauptgericht oder für 4–6 Personen als Vorspeise
⏲ 15 Min. + 1 Stunde Ruhezeit + 30 Min. Backzeit

Für den Belag
- 3 Tomaten (ca. 250 g)
- 1 Zwiebel
- 1 grüne Paprika
- 1–2 Knoblauchzehen
- 1–2 TL Dattelsirup (Seite 13) oder Vollrohrzucker
- ½ TL Salz
- 3 EL feinstes Olivenöl
- 2 EL Kapern
- 12 schwarze Oliven
- Salz
- schwarzer Pfeffer

Für den Teig
- 100 ml feinstes Olivenöl
- 100 ml lauwarmes Wasser
- ½ TL Salz
- 270–300 g Dinkel- oder Weizenmehl

● Für den Belag die Tomaten waschen und in Würfel schneiden. Zwiebel schälen und in halbe Ringe schneiden. Paprika waschen, entkernen und in Würfel schneiden. Knoblauch schälen und fein hacken. Alles zusammen mit Dattelsirup und Salz in einer Schüssel vermischen und bei Zimmertemperatur mindestens 1 Stunde ruhen lassen.

● Für den Teig Olivenöl, Wasser und Salz mit einer Gabel verrühren. Nach und nach das Mehl hinzufügen und mit der Gabel vermengen. Mit den Händen zu einem geschmeidigen Teig kneten, der nicht mehr an den Fingern klebt. In Frischhaltefolie wickeln und etwa 30 Min. bei Zimmertemperatur ruhen lassen.

● Den Backofen auf 200 °C Ober-/Unterhitze vorheizen.

● Das Tomaten-Zwiebel-Paprika-Gemisch abseihen und zurück in die Schüssel geben. Mit Olivenöl vermischen.

● Den Teig auf einer bemehlten Arbeitsfläche auf Backblechgröße dünn ausrollen. Ein Backblech mit Backpapier belegen und den Teig darauflegen. Mit der Gabel mehrfach einstechen. Das Gemüse darauf verteilen, Kapern und Oliven darübergeben und mit Salz und Pfeffer kräftig würzen.

● Die »Pizza« etwa 30 Min. backen.

Das passt dazu grüner Salat

Schmeckt nach Urlaub in Spanien

Feurige Paprika-Chili-Tortilla

Für 2 Personen
⊘ 30 Min. + 20 Min. Backzeit

- 500 g Kartoffeln
- 2 EL Olivenöl
- 1 rote Paprikaschote
- 2 rote Peperoni
- 1 Zwiebel
- 1–2 Knoblauchzehen
- 275 ml Sojamilch

- 1 gestr. EL Johannisbrot-kernmehl
- 2 EL weißes Mandelmus
- 2 EL Hefeflocken
- 1 TL Salz
- schwarzer Pfeffer
- 2–3 Zweige frischer Thymian

- 50 g Mandeln
- 1–2 Msp. Piment d'Espelette (ersatzweise Cayennepfeffer)
- 6 in Essigsud oder Öl einge-legte Peperoni

● Den Backofen auf 180 °C Ober-/Unterhitze vorheizen.

● Kartoffeln waschen, schälen und in etwa ½ cm dicke Scheiben schneiden. Öl in der Pfanne erhitzen und die Kartoffelscheiben unter gelegentlichem Wenden anbraten, bis sie eine schöne Bräune haben.

● Paprika waschen und in kleine Würfel schnei-den. Peperoni waschen und längs in dünne Streifen schneiden. Zwiebel und Knoblauch schälen und sehr fein hacken.

● Paprika, Peperoni, Zwiebel und Knoblauch zu den gebräunten Kartoffeln in die Pfanne geben und weitere 3 Min. mitbraten. Etwas abkühlen lassen.

● Sojamilch, Johannisbrotkernmehl, Mandel-mus, Hefeflocken, Salz und Pfeffer im Mixer gut durchmixen. Eine Auflaufform einfetten und die Kartoffel-Mischung darin gleichmäßig verteilen. Die Creme darübergießen und im Ofen etwa 20 Min. backen.

● Inzwischen den Thymian waschen und die Blättchen abzupfen.

● Die Mandeln in einer Pfanne ohne Fett rösten, bis sie zu duften beginnen. Mit Piment d'Espelette bestäuben. Die fertige Tortilla mit frischem Thymian bestreuen, Mandeln darü-bergeben und die eingelegten Peperoni dazu servieren.

Tipp Die Schärfe der Tortilla können Sie mittels der Peperoni-Menge individuell variieren.

Mangold auf spanische Art
Mangold mit geröstetem Brot

Für 2 Personen
⊘ 1 Stunde

- 1 kg Mangold mit Stielen
- 2 rote Zwiebeln
- 4 Knoblauchzehen

- 55 ml Olivenöl
- ½ TL Meersalz
- ½ TL Kurkuma

- ca. 220 ml Wasser
- 100 g altbackenes Brot
- 1 EL Sherry-Essig

● Mangold waschen und die Blätter von den Stielen trennen. Blätter in grobe Streifen schneiden. Von den Stielen etwa 200 g in feine Streifen schneiden, den Rest für einen anderen Zweck verwenden. Zwiebeln schälen und fein hacken. 2 Knoblauchzehen in Scheiben schneiden, die anderen 2 ganz lassen.

● In einer großen Pfanne (oder in einem Wok) 35 ml Olivenöl erhitzen und die Zwiebeln darin etwa 5 Min. anbraten. Knoblauchscheiben, Mangoldstiele und Salz hinzufügen und bei mäßiger Hitze etwa 15–20 Min. unter gelegentlichem Wenden schmoren, bis die Stiele gar sind. Die Mangoldblätter unterrühren und unter Wenden anbraten, bis sie in sich zusammenfallen. Kurkuma und Wasser hinzufügen und etwa 20 Min. unter gelegentlichem Wenden leise köcheln lassen.

● Währenddessen das Brot in kleine Stücke schneiden. In einer separaten Pfanne das restliche Öl erhitzen und die Brotstücke zusammen mit den ganzen Knoblauchzehen knusprig rösten. Die Brotstücke und den Knoblauch aus der Pfanne nehmen und auf einem Küchenkrepp entfetten. Die etwas abgekühlten Brotstücke in einen Gefrierbeutel geben und mit einem Hammer in Brösel zerschlagen. Je nach Brotsorte lassen sich die Brotstücke auch mit den Händen zerkrümeln. Die Knoblauchzehen grob hacken.

● Zum Ende der Garzeit des Mangolds Brotkrümel, Knoblauch und Essig unterrühren und eventuell noch mit etwas Salz abschmecken.

Das passt dazu frisches Brot oder ein veganes Bratstück

Mittelmeer

Mit Nori-Algen für den typisch fischigen Geschmack
Safran-Paella mit Gemüse

Für 2 Personen
⊘ 20 Min. + 25 Min. Backzeit

- 250 g kleine Paprikaschoten
- 150 g kleine Zucchini
- 1 kleine Stange Lauch
- 1 große rote Zwiebel
- 1 Knoblauchzehe
- 100 g Räuchertofu
- 5 EL Olivenöl
- 200 g vegane Riesengarnelen

- 100 g Bomba-Reis
  (oder Langkorn-Reis)
- ½ TL Safranfäden
- 1 geh. TL Paprika, edelsüß
- 100 ml Weißwein
  (oder Gemüsebrühe)
- ca. 250 ml Gemüsebrühe
- Salz

- schwarzer Pfeffer
- Cayennepfeffer
- ½ Bund Petersilie
- 1 Zitrone
- 1–2 EL Nori-Algen-Flocken
  (nach Geschmack)

● Den Backofen auf 200 °C Ober-/Unterhitze vorheizen.

● Paprika waschen, entkernen und in kleine Würfel schneiden. Zucchini waschen und würfeln. Lauch waschen, längs halbieren und in feine Ringe schneiden. Zwiebel schälen und in halbe Ringe schneiden. Knoblauch schälen und fein hacken. Räuchertofu in sehr feine Würfel schneiden.

● In einer Backofen-geeigneten Pfanne (oder im Bräter) 3 EL Öl erhitzen und die Tofuwürfel darin von allen Seiten etwa 3 Min. anbraten. Vegane Garnelen hinzufügen und weitere 3 Min. anbraten, bis alles leicht knusprig ist. Tofu und Garnelen aus der Pfanne nehmen. Das restliche Öl erhitzen, Zwiebel und Knoblauch kurz anschwitzen, alles Gemüse hinzufügen und unter Wenden etwa 5 Min. anbraten. Reis, Safran und Paprikapulver hinzufügen, mit Weißwein und Gemüsebrühe ablöschen und aufkochen. Mit Salz, Pfeffer und Cayennepfeffer abschmecken. Den Tofu und die Garnelen untermengen und die Pfanne bzw. den Bräter auf die 2. Schiene

im Backofen stellen. Je nach Reissorte (bitte Packungsanweisung beachten) etwa 20–25 Min. garen.

● Die Petersilie waschen und fein hacken. Von der Zitrone die eine Hälfte auspressen, die andere Hälfte in 2 Spalten schneiden.

● Am Ende der Garzeit Zitronensaft und Nori-Algen untermischen und die Paella mit den Zitronenspalten und mit Petersilie bestreut heiß servieren.

Tipp Wenn Sie keine Backofen-geeignete Pfanne und keinen Bräter haben, verwenden Sie eine Auflaufform.

Gelingt auch ungeübten Köchen

Spanische Zitronen-Kartoffeln

Für 2 Personen als Hauptspeise oder
für 4 Personen als Beilage
⊘ 35 Min.

800 g festkochende Kartoffeln • 2 Knoblauchzehen • 75 g Schalotten • 2 Zitronen • 1 Bund Petersilie • 2 EL Gemüsebrühe • 1 EL Cognac (ersatzweise Gemüsebrühe) • 1 EL Essig • 6 EL Olivenöl • schwarzer Pfeffer • Salz

● Die Kartoffeln waschen und in der Schale in Salzwasser etwa 25 Min. weich garen. Anschließend kalt abschrecken, schälen und in etwa 1½–2 cm breite Scheiben schneiden. Bitte darauf achten, dass die Kartoffeln beim Servieren noch lauwarm sind.

● Knoblauch und Schalotten schälen und fein hacken. Zitronen auspressen. Petersilie waschen, trocken tupfen und fein hacken.

● Zitronensaft, Gemüsebrühe, Cognac, Essig und Öl mit dem Schneebesen in einer Schüssel gut verrühren. Knoblauch und Schalotten unterrühren, mit Salz und Pfeffer abschmecken. Zum Schluss die Kartoffelscheiben und die Petersilie unterheben und lauwarm servieren.

Das passt dazu grüner Salat

Tipp Eine tolle Beilage zu einem veganen Bratstück

Willkommen in der Provence

Französische Fenchel-Suppe

Für 2 Personen
⊘ 35 Min.

500 g Fenchel • 150 g Kartoffeln • 1 kleine Zwiebel • 1 Knoblauchzehe • 2 EL Pflanzenöl • 1 Lorbeerblatt • ca. 500 ml leichte Gemüsebrühe • 1 großer säuerlicher Apfel • ca. 8 Stängel Petersilie • 1–2 TL Sonnenblumenöl • Salz • Pfeffer • 1 TL Zitronensaft

● Fenchel waschen. Das zarte Fenchelgrün entfernen und beiseitelegen. Fenchelknollen in kleine Stücke schneiden. Kartoffeln waschen, schälen und in kleine Würfel schneiden. Zwiebel und Knoblauch schälen und fein hacken.

● In einem Topf das Öl erhitzen, Zwiebel und Knoblauch darin unter Rühren anbraten. Gemüsewürfel hinzufügen und gut unterrühren. Das Lorbeerblatt hinzufügen und mit der Gemüsebrühe auffüllen, bis das Gemüse knapp bedeckt ist. Etwa 20 Min. unter gelegentlichem Rühren köcheln lassen, bis das Gemüse gar ist.

● In der Zwischenzeit den Apfel waschen und auf der Rohkostreibe raspeln.

● Petersilie waschen und fein hacken. Das Fenchelgrün ebenfalls fein hacken. Sonnenblumenöl in einer Pfanne erhitzen und die Kräuter darin unter Wenden etwa 2 Min. anbraten. Beiseitestellen.

● Die Suppe gut durchpürieren. Die Apfelraspel unterrühren und mit Salz, Pfeffer und Zitronensaft abschmecken. Mit den Kräutern bestreut servieren.

Essen wie Gott in Frankreich

Artischocken mit Avocado-Limette-Minze-Dip

Für 2 Personen
🕐 45 Min.

1 Knoblauchzehe • 1 Zitrone • 1 Lorbeerblatt •
1 TL bunte Pfefferkörner • 1 TL Salz • 2 große oder
4 kleine Artischocken
Für den Dip
1 reife Avocado • 4 EL Cashewcreme (Seite 10)
• 2–3 EL Limettensaft • ca. ½ TL Salz • 2 Msp.
Cayennepfeffer • ¼ TL Senf • 1 EL Dattelsirup
(Seite 13) • 10–15 Pfefferminzblättchen

● Knoblauchzehe schälen und halbieren,
Zitrone waschen, in Scheiben schneiden und
mit Lorbeerblatt, Pfefferkörnern und Salz in
etwa 3 Liter Wasser in einem Topf zum Kochen
bringen.

● Artischocken waschen, den Stiel abbre-
chen und jeweils das obere Drittel der Blätter
abschneiden. Die Artischocken in das kochende
Wasser geben und etwa 40 Min. zugedeckt köcheln lassen. Anschließend mit einer Schaumkelle herausnehmen und kurz umgekehrt
abtropfen lassen.

● Für den Dip die Avocado längs aufschneiden,
Kern entfernen und das Fruchtfleisch mit einem
Löffel aus der Schale lösen. Mit einer Gabel zerdrücken und mit den übrigen Zutaten zu einer
homogenen Masse anrühren. Pfefferminzblättchen abzupfen, fein hacken und unterrühren.

● Die Artischocken mit dem Dip servieren.

Das passt dazu frisches Brot und grüne Blattsalate

Selbst gebacken – garantiert vegan

Französisches Baguette

Für 2 Baguettes
🕐 10 Min. + 1 Stunde Ruhezeit + 20 Min. Backzeit

500 Gramm Weizenmehl Type 550 (für den »ori-
ginalen Geschmack«) • 12 g Meersalz • ½ Würfel
frische Hefe • ca. 300 ml lauwarmes Wasser •
1 feuerfeste kleine Tasse mit Wasser

● Mehl und Salz in einer Schüssel mischen.
Hefe mit etwa 100 ml Wasser verrühren und
zum Mehl geben. Mit den Händen in etwa 5–10
Min. zu einem homogenen Teig verkneten.
Dabei nach und nach das restliche Wasser hin-
zufügen. Den Teig zugedeckt an einem warmen
Ort etwa 40 Min. gehen lassen.

● Den Backofen rechtzeitig auf 240 °C Ober-/
Unterhitze vorheizen.

● Den Teig mit befeuchteten Händen nochmals kurz durchkneten, in 2 Teile teilen und
2 Baguettes formen. Die beiden Baguettes auf
ein mit Backpapier ausgelegtes Backblech legen
und mit einem Messer auf der Oberkante in
etwa 5 cm Abstand einschneiden. Eine kleine
feuerfeste Tasse mit Wasser befüllen und auf
das Backblech oder den Backofen-Boden stellen.
Die Baguettes auf der oberen Schiene etwa
20 Min. backen.

Zwiebelkuchen wie in Nizza
Pissaladière

Für ein Backblech, etwa 20 Stücke
⊘ 40 Min. + 45 Min. Ruhezeit für den Teig + 25 Min. Backzeit

Für den Teig
- 450 g Dinkel- oder Weizen- mehl
- 1 TL Salz
- 20 g frische Hefe
- 4 EL Olivenöl
- ca. 250 ml lauwarmes Wasser

Für den Belag
- 1 kg Zwiebeln
- 10 Zweige Thymian (oder 1 gehäufter EL getrockneter)
- 4 EL Olivenöl
- 2 EL Tomatenmark
- 1 EL Weißweinessig
- 1 EL Mehl
- 30 schwarze Oliven
- 1 Bund Petersilie
- 2 Knoblauchzehen
- 1 TL Meersalz
- Olivenöl zum Beträufeln

● Das Mehl sieben und mit dem Salz mischen. Hefe mit etwas Wasser in einer separaten Schüssel anrühren und mit dem Öl zum Mehl geben. Zu einem geschmeidigen Teig kneten, dabei nach und nach das restliche Wasser zufügen. Den Teig an einem warmen Ort zugedeckt 45 Min. gehen lassen.

● Den Teig nochmals kurz durchkneten und auf einer bemehlten Arbeitsfläche in Backblechform ausrollen. Anschließend ein gut eingefettetes Backblech mit dem Teig auslegen und einen Rand formen. Mit einem Küchentuch bedecken.

● Den Backofen auf 220 °C Ober-/Unterhitze vorheizen.

● Die Zwiebeln schälen und in halbe Ringe schneiden. Thymian waschen, trocken tupfen und die Blättchen abzupfen. Olivenöl in einer großen Pfanne erhitzen und die Zwiebelringe darin unter Wenden glasig anbraten. Thymian untermengen, Hitze reduzieren und die Zwiebeln unter gelegentlichem Wenden so lange anbraten, bis sie fast weich sind und keine Flüssigkeit mehr abgeben. Das dauert etwa 15–20 Min. Tomatenmark, Essig und Mehl unterrühren. Die Zwiebelmasse auf dem Hefeboden gleichmäßig verteilen, die Oliven daraufsetzen und leicht andrücken. Die Pizza im Ofen etwa 20–25 Min. backen.

● Die Petersilie waschen, trocknen und fein hacken. Knoblauch schälen und sehr fein hacken. Petersilie und Knoblauch in einer Schüssel gut vermischen. Das Petersilien-Knoblauch-Gemisch nach dem Backen auf der heißen Pizza gleichmäßig verteilen, salzen, mit Olivenöl beträufeln und servieren.

Variante Anstelle von Dinkel- oder Weizenmehl können Sie auch Kammutmehl verwenden.

Mittelmeer 63

Französische Haute Cuisine
Artischocken mit Rosara-Kartoffeln

Für 2 Personen
⏲ 1¼ Stunden

Für die Artischocken
- 2 Zitronen
- 2 große Artischocken
- 1 Tomate
- 1 kleine Knoblauchzehe
- ¼ Bund Petersilie
- 2 Zweige Thymian
- 2 EL Semmelbrösel

- 3 EL Olivenöl
- Salz
- schwarzer Pfeffer
- 1 TL rosa Pfefferkörner
- 300 ml Gemüsebrühe

Für die Kartoffeln
- 600 g Bio-Rosara-Kartoffeln
  (oder Frühkartoffeln)

- 2–3 TL Kokosöl
- Salz
- Pfeffer
- ½ TL Thymian
- ¼–½ TL Paprika, edelsüß

● In einem Topf reichlich Salzwasser zum Kochen bringen. Den Backofen auf 180 °C Ober-/ Unterhitze vorheizen.

● Von einer Zitrone etwa ½ TL Schale abreiben und die Zitrone dann auspressen. Die zweite Zitrone in Spalten schneiden und bis zum Servieren beiseitestellen.

● Die äußeren holzigen Blätter der Artischocken entfernen. Etwa ⅔ der oberen Blätter und den Stiel abschneiden. Die verbleibenden Blätter, sofern möglich, etwas auseinanderziehen. Mit einem Kugelstecher die mittleren kleinen roten Blätter samt dem Heu komplett herauslöffeln. Die Artischocke bekommt somit eine Art Bauchhöhle, die wir später füllen. Den Artischockenboden sofort mit Zitronensaft beträufeln. Die Artischocken in Salzwasser 10 Min. kochen, anschließend kopfüber etwas abtropfen lassen.

● Die Tomate häuten und klein würfeln. Knoblauch schälen und fein hacken. Petersilie waschen und fein hacken. Thymian waschen und die Blättchen abzupfen. Die Kräuter mit Knoblauch, Semmelbrösel, Olivenöl, Tomatenwürfeln und Zitronenschale gut vermischen und mit Salz und Pfeffer würzen. Die Bauchhöhlen der Artischocken mit der Masse befüllen und mit den rosa Pfefferkörnern bestreuen.

● Die Artischocken in eine gefettete Auflaufform setzen, die Gemüsebrühe angießen und im Ofen etwa 45 Min. backen.

● Die Kartoffeln waschen, bürsten und in der Schale etwa 25 Min. in Salzwasser köcheln lassen, bis sie fast gar sind.

● Die fast gar gekochten Kartoffeln der Länge nach vierteln. Kokosöl in einer beschichteten Pfanne erhitzen und die Kartoffeln bei mäßiger Hitze unter häufigem Wenden knusprig braten. Mit Salz, Pfeffer, Thymian und Paprika würzen.

● Die Artischocken mit den Kartoffeln und mit den Zitronenspalten servieren.

Mittelmeer

Herbst an der Côte d'Azur
Französische Birnen-Fenchel-Quiche

Für 4 Personen, für eine Quiche-Form von ca. 30 × 30 cm
🕐 40 Min. + 1 Stunde Ruhezeit für den Teig + 30 Min. Backzeit

Für den Teig
- 250 g Dinkelmehl
- ½–1 TL Salz
- 250 g Cashewcreme (Seite 10)
- ca. 120 ml Wasser

Zum Blindbacken
- Backpapier
- getrocknete Hülsenfrüchte

Für den Belag
- 1 rote Zwiebel
- ½ Zitrone
- 2 reife Birnen
- 2 kleine Fenchelknollen
- 20 g getrocknete Tomaten
- 3 EL Walnüsse
- 1–2 EL Olivenöl
- Salz
- Pfeffer

Für die Creme
- 350 ml Sojamilch
- 1 EL Speisestärke
- 2 EL Cashewmus
- 2–3 EL Hefeflocken
- 1 TL Salz
- schwarzer Pfeffer
- 1–2 Msp. Cayennepfeffer
- 1 TL Schabzigerklee, gemahlen

Zum Garnieren
- ½ Bund Petersilie

● Das Mehl sieben und mit dem Salz in einer Schüssel mischen. Cashewcreme zum Mehl geben. In 10 Min. zu einem geschmeidigen Teig kneten, dabei das restliche Wasser nach und nach zugeben. Den Teig etwa 1 Stunde in den Kühlschrank stellen.

● Den Backofen auf 180 °C Ober-/Unterhitze vorheizen.

● Den Teig ausrollen und in die gefettete Quicheform legen. Einen Rand formen und den Teig mit einer Gabel mehrfach einstechen. Mit Backpapier bedecken, Hülsenfrüchte zum Beschweren daraufgeben und den Boden 15 Min. blindbacken. Anschließend Backpapier und Hülsenfrüchte entfernen.

● Zwiebel schälen und in halbe Ringe schneiden. Zitrone auspressen. Birnen waschen, achteln, die Kerngehäuse entfernen und mit dem Zitronensaft beträufeln. Fenchel waschen und in sehr feine Streifen schneiden. Getrocknete

Tomaten ebenfalls in feine Streifen schneiden. Walnüsse in einer Pfanne ohne Fett anrösten und anschließend grob hacken.

● Öl in einer beschichteten Pfanne erhitzen, die Zwiebelringe darin etwa 2–3 Min. anbraten und auf dem Quicheboden verteilen. Birnen fächerförmig darauflegen. Fenchel, Walnüsse und getrocknete Tomaten darauf verteilen und mit Salz und Pfeffer würzen.

● Die Zutaten für die Creme fein pürieren und über das Gemüse gießen.

● Im vorgeheizten Backofen etwa 30 Min. backen. In der Zwischenzeit die Petersilie waschen, trocken schütteln und fein hacken. Die Quiche mit Petersilie bestreut servieren.

Variante Probieren Sie diese Quiche auch mal mit in Stiften geraspelten Äpfel und Kohlrabi statt mit Birne und Fenchel.

Ratatouille wie in Avignon
Bohémienne

Für 2 Personen als Beilage
⊘ 30 Min. + 20 Min. Backzeit

400 g Auberginen • Meersalz • 400 g Tomaten •
ca. 8 Blätter Basilikum • 1 Knoblauchzehe • 3 EL
Olivenöl • schwarzer Pfeffer • 2 EL Dinkelbrösel

● Den Backofen auf 200 °C Ober-/Unterhitze
vorheizen.

● Die Auberginen waschen und in Scheiben
schneiden. Mit Salz bestreuen und 10 Min.
ziehen lassen.

● Tomaten häuten und in kleine Würfel
schneiden. Basilikum waschen und fein hacken.
Die Knoblauchzehe schälen und ebenfalls fein
hacken.

● Die Auberginenscheiben kalt abspülen und
mit Küchenkrepp trocken tupfen.

● Olivenöl in einer Pfanne erhitzen und die
Auberginenscheiben von beiden Seiten leicht
anbraten. Tomatenwürfel, Basilikum, Salz,
Pfeffer und Knoblauch zugeben und in etwa
10 Min. zu einem Mus einkochen. Mit einer
Gabel etwas zerdrücken.

● Das Gemüse in eine gefettete Auflaufform
füllen, mit Dinkelbrösel bestreuen und etwa
20 Min. im Backofen backen.

Das passt dazu französisches Baguette
(Seite 59) und ein veganes Bratstück

Ein Eintopf vom Mittelmeer
Griechische Pintobohnen-Suppe

Für 2 Personen
⊘ 12 Stunden Einweichzeit + 25 Min. Zubereitungszeit + 50–60 Min. Kochzeit

200 g getrocknete Pinto-Bohnen (oder große weiße Bohnen) • 1 Zwiebel • 1 Knoblauchzehe • 500 g
frische aromatische Tomaten • 1 Rosmarinzweig •
¼ Bund frischer Thymian • 2 EL Olivenöl • 1 TL
Dattelsirup (Seite 13) oder Vollrohrzucker • 1 TL
Rotweinessig • 250 ml leichte Gemüsebrühe •
10 schwarze Oliven • ½ TL Salz • schwarzer Pfeffer

● Die Bohnen 12 Stunden in reichlich kaltem
Wasser einweichen. Anschließend in ein Sieb
abgießen, waschen und abtropfen lassen.

● Zwiebel und Knoblauch schälen und fein
hacken.

● Tomaten häuten und in Würfel schneiden.
Rosmarin und Thymian zu einem Sträußchen
zusammenbinden.

● Olivenöl in einem Topf erhitzen, Zwiebel darin etwa 2–3 Min. unter Rühren glasig braten.
Knoblauch, Tomaten, Bohnen, Dattelsirup, Essig
und Gemüsebrühe hinzufügen, aufkochen, die
Temperatur reduzieren, das Kräutersträußchen
hinzufügen und zugedeckt etwa 50–60 Min. leise köcheln lassen, bis die Bohnen gar sind.

● 10 Min. vor Ende der Kochzeit die Oliven
hinzufügen und die Suppe mit Salz und Pfeffer
abschmecken.

Mit leckeren Okraschoten

Griechischer Gemüsetopf

Für 2 Personen
⏱ 50 Min. + 1 Stunde Marinierzeit

- 300 g frische Okraschoten (Gemüsehändler, Markthalle)
- 1 EL Meersalz
- 80 ml Rotweinessig
- 250 g Zwiebeln
- 2 Knoblauchzehen
- 300 g Tomaten
- 1 Zitrone
- ¼–½ Bund Petersilie
- 5 EL Olivenöl
- Salz
- Pfeffer
- ½ TL Vollrohrzucker
- 5 EL Wasser

● Okraschoten waschen. In einer Schüssel mit Salz und Essig mischen und 1 Stunde ziehen lassen. Ab und zu umrühren.

● Zwiebeln schälen und in halbe Ringe schneiden. Knoblauch schälen und fein hacken. Tomaten am Strunk kreuzweise einschneiden, in einer Schüssel mit kochendem Wasser übergießen, kurz ziehen lassen, kalt abschrecken und die Haut abziehen. Anschließend in Scheiben schneiden.

● Die Zitrone auspressen. Sie brauchen etwa 3 EL Saft. Den Rest für einen anderen Zweck verwenden. Petersilie waschen, trocknen und fein hacken.

● Die marinierten Okras in ein Sieb schütten, waschen, gut abtropfen lassen und etwas trocken tupfen. (Sonst besteht Spritzgefahr beim Anbraten in Fett.) 3 EL Öl in einer Pfanne erhitzen, die Okras darin unter Wenden 2–3 Min. anbraten und anschließend in einen Topf geben. Das restliche Öl in der Pfanne erhitzen. Zwiebeln und Knoblauch darin anbraten, bis sie eine leichte Bräune haben. Anschließend auf den Okras im Topf verteilen. Mit Salz und Pfeffer würzen. Vollrohrzucker und Zitronensaft hinzufügen und die Petersilie darauf verteilen. Mit den Tomatenscheiben bedecken, Wasser angießen und aufkochen lassen. Bei niedriger Hitze und geschlossenem Deckel 30 Min. sehr leise köcheln lassen. Das Gemüse auf 2 Tellern anrichten.

Das passt dazu Reis oder Baguette

Wissen Okraschoten sind eine der ältesten Gemüsesorten: Okraschoten findet man sowohl in der Mittelmeerküche als auch in Indien und Afrika. Sie sind kalorienarm und im Geschmack neutral mild bis herb. In meinem indischen Lieblingsrestaurant in Stuttgart werden Okraschoten auf der Speisekarte liebevoll als »ladyfingers« bezeichnet.

Mittelmeer   67

Warm und kalt ein Genuss!
Gefüllte Weinblätter

Für etwa 20 Stück
⊘ 40 Min. + 1 Stunde Backzeit

- ca. 40 Weinblätter in Lake
- 250 g Schalotten
- 4 Frühlingszwiebeln
- 50 g Korinthen
- 4 Datteln ohne Stein
- ca. 15 Blättchen Minze

- ¼ Bund Koriander
- ¼ Bund Petersilie
- 4 Zweige Thymian
- 1–2 Zitronen
- 120 ml Olivenöl
- 150 g Langkornreis

- 50 g Pinienkerne
- 1–2 TL Harissa-Paste
- 2 TL Salz
- Pfeffer
- 130 ml Wasser

● Weinblätter vorsichtig in ein Sieb geben, waschen und in einer Schüssel mit kaltem Wasser etwa 15 Min. einweichen. Anschließend absiehen und abtropfen lassen.

● Den Backofen auf 190 °C Ober-/Unterhitze vorheizen.

● Schalotten schälen und fein hacken. Frühlingszwiebeln waschen und in feine Röllchen schneiden. Korinthen heiß waschen und gut abtropfen lassen. Datteln fein hacken.

● Die Kräuter waschen, Minze in feine Streifen schneiden, Koriander und Petersilie fein hacken, von den Thymianzweigen die Blättchen zupfen. Eine halbe Zitrone zu Saft pressen (Sie benötigen davon 2 EL), den Rest in Spalten schneiden.

● 3 EL Öl in einer Pfanne erhitzen. Schalotten glasig dünsten, Frühlingszwiebeln hinzufügen und kurz mitbraten. Reis, Korinthen, Datteln, Pinienkerne, Kräuter und Harissa-Paste untermengen und mit Salz und Pfeffer kräftig abschmecken.

● Die Weinblätter mit der glänzenden Seite nach unten auf die Arbeitsfläche legen und die Stiele entfernen. Je nach Größe und Qualität des Weinblattes auch mal 2 Blätter übereinanderlegen, bei Bedarf mit Küchenkrepp trocken tupfen. 2–3 TL Fülle in die Mitte geben. Etwa ein Blattdrittel über die Füllung klappen, die Seiten einschlagen und die Blätter wie kleine Rouladen fest aufrollen. Die Röllchen mit der Nahtseite nach unten dicht an dicht in eine gefettete Auflaufform legen.

● Das restliche Olivenöl mit Wasser und Zitronensaft verrühren und über die Röllchen gießen.

● Im Ofen etwa 50–60 Min. zugedeckt backen und mit Zitronenspalten servieren.

Tipp Dazu passt hervorragend ein Gurken-Knoblauch-Joghurt. Dafür hobeln Sie eine halbe Gurke in feine Scheiben und vermischen diese mit etwa 250 g Sojajoghurt, ½ TL Senf, 1–2 klein gehackten Knoblauchzehen, Salz, Pfeffer und 1–2 TL Zitronensaft.

Griechischer Lauchauflauf
Pastítsios

Für 4 Personen, für eine Auflaufform, etwa 30 × 25 cm
⏱ 30 Min. + 35 Min. Backzeit

- 350 g Makkaroni
- 600 g Lauch
- 4 EL Olivenöl
- Salz
- schwarzer Pfeffer
- 400 g Tomaten
- 1–2 rote Peperoni

- 1 Knoblauchzehe
- 100 g schwarze Oliven ohne Kern
- 150 ml Gemüsebrühe
- 1 EL Tomatenmark
- 1½ TL Oregano, frisch oder getrocknet

- 300 g Seidentofu
- 80 ml Sojamilch
- 1 EL Speisestärke
- 1 EL weißes Cashewmus
- 250 g veganer Feta-Käse (oder anderer veganer Käse)

● Makkaroni in Salzwasser al dente kochen, abseihen und abtropfen lassen.

● Den Backofen auf 200 °C Ober-/Unterhitze vorheizen.

● Lauch längs halbieren, waschen,und in etwa 1 cm dicke Scheiben schneiden. 2 EL Olivenöl in einer Pfanne erhitzen und den Lauch darin bei mäßiger Hitze etwa 5 Min. anbraten. Mit Salz und Pfeffer würzen.

● Die Nudeln in eine leicht gefettete Auflaufform geben, 2 EL Olivenöl darüberträufeln und den Lauch darauf verteilen. Die Tomaten waschen, in dünne Scheiben schneiden und auf dem Lauch verteilen.

● Peperoni waschen, längs aufschlitzen, die Kerne entfernen und fein hacken. Knoblauch schälen und fein hacken. Peperoni und Knoblauch zusammen mit den Oliven über die Tomaten geben.

● Gemüsebrühe, Tomatenmark und 1 TL Oregano verrühren und seitlich in die Form gießen.

● Seidentofu, Sojamilch, Speisestärke, Cashewmus, Salz, Pfeffer und ½ TL Oregano mit dem Zauberstab oder Mixer fein pürieren und über das Gemüse gießen.

● Feta zerbröckeln und darüber verteilen. Im Backofen etwa 35 Min. backen.

Wissen Veganer Feta-Käse ist vegan. Die Griechen haben eine Fastenzeit, in der sie auf sämtliche tierlichen Produkte verzichten. In dieser Zeit stellen sie ihren Fetakäse auf reiner Sojabasis her. Der vegane Feta wird bei manchen griechischen Fachhändlern ganzjährig angeboten. Fragen Sie doch einfach mal nach! Manche Veganer behaupten, dass dieser Soja-Feta nicht vegan ist, weil er Milchsäurebakterien enthält. Aber Milchsäurebakterien entstehen bei der Fermentation und haben mit Milch von Tieren nichts zu tun.

Türkische Bohnen – einfach köstlich
Kuru Fasulye

Für 2 Personen

🕐 12 Stunden Einweichzeit der Bohnen + 1 Stunde Garzeit + 30 Min. Zubereitungszeit

- 100 g weiße getrocknete Bohnen (oder 250 g gegarte aus dem Glas)
- 1 Zwiebel
- 1 Knoblauchzehe
- 1 grüne Peperoni
- 300 g Tomaten
- 3 EL Pflanzenöl
- ca. 175 ml Gemüsebrühe
- ½ TL Kreuzkümmel, gemahlen
- Salz
- Pfeffer
- 1 Msp. Chilipulver

● Bohnen in reichlich Wasser etwa 12 Stunden einweichen. In frischem Wasser zugedeckt etwa 1 Stunde köcheln lassen, bis die Bohnen gar sind. Anschließend abseihen und gut abtropfen lassen.

● Zwiebel und Knoblauch schälen und fein hacken. Peperoni waschen, vom Stielende befreien und in feine Ringe schneiden. Tomaten am Strunk kreuzweise einschneiden, mit kochendem Wasser überbrühen, kurz ziehen lassen, kalt abschrecken und mit einem Messer die Haut abziehen. Anschließend in Würfel schneiden.

● Öl in einem Topf erhitzen, Zwiebeln und Knoblauch darin anbraten, Peperoni dazugeben und kurz mitbraten. Bohnen und Tomaten hinzufügen und mit der Gemüsebrühe ablöschen. Aufkochen und bei kleiner Hitze etwa 20 Min. köcheln lassen. Mit Kreuzkümmel, Salz, Pfeffer und Chilipulver abschmecken und in Schalen anrichten.

Das passt dazu Fladenbrot (Seite 71)

Tipp Die Zubereitungszeit können Sie auf 30 Min. verkürzen, wenn Sie gegarte Bohnen aus dem Glas verwenden.

Mittelmeer 71

Eine tolle Beilage zu vielen Gemüsegerichten
Türkisches Fladenbrot

Für 2 Personen
⊘ 1 Stunde

250 g Weizen-oder Dinkelmehl • ½ TL Salz •
12 g frische Hefe • ca. 150 ml lauwarmes Wasser •
20 ml Olivenöl • Olivenöl zum bestreichen

● Mehl und Salz in einer Schüssel mischen. Die
Hefe zerbröckeln und mit einem Schneebesen
mit etwas Wasser in einer separaten Schüssel
auflösen. Mit dem Öl zum Mehl geben. Mit den
Händen zu einem geschmeidigen Teig kneten,
dabei nach und nach das restliche Wasser hinzufügen. Den Teig an einem warmen Ort etwa
45 Min. zugedeckt gehen lassen.

● Den Backofen auf 240 Grad Ober-/Unterhit-
ze vorheizen. Ein Backblech mit Backpapier
auslegen.

● Den Teig auf einer bemehlten Arbeitsfläche nochmal kurz durchkneten und Kugeln in
Zitronengröße formen. Die Kugeln zu Fladen
flachdrücken (Durchmesser etwa 15 cm). Diese
mit etwas Abstand auf das Backblech legen und
im Backofen etwa 8–10 Min. goldbraun backen.
Nach 5 Min. wenden und mit Olivenöl bestreichen.

Ein türkischer Brotaufstrich
Auberginencreme

Für etwa 700 g auf Vorrat
⊘ 45 Min.

1 große Aubergine (ca. 500 g) • 2 Knoblauchzehen • 100 g gemahlene Mandeln • 5 EL Tahin
(Sesampaste) • 2 EL Zitronensaft • 2 TL Senf, mittelscharf • 2 Msp. Cayennepfeffer • ca. 1 TL Salz •
Pfeffer • ½ Bund Petersilie

● Den Backofen auf 200 °C Ober-/Unterhitze
vorheizen.

● Die Aubergine waschen, mit der Gabel
ringsum einstechen und im Backofen etwa
40 Min. backen. Anschließend in einem nassen
Geschirrtuch 5 Min. schwitzen lassen und die
Haut abziehen. Auberginenfleisch würfeln.

● Knoblauch schälen und fein hacken. Alle Zutaten außer der Petersilie mit dem Zauberstab
fein pürieren. Petersilie waschen, fein hacken
und unter die Creme heben.

● In sterilen Gläsern ist die Creme mindestens
1 Woche im Kühlschrank haltbar.

Das passt dazu Fladenbrot oder Kartoffeln

Dieses türkische Gericht schmeckt herrlich orientalisch!

Basmati-Pilaw

Für 2 Personen
◷ 40 Min.

- 125 g Langkornreis (Basmati)
- 5 Frühlingszwiebeln
- 3 EL Olivenöl
- 40 g Mandeln, ganz
- 20 g Pinienkerne
- ¼ TL Zimt
- 50 g Korinthen
- 3 schwarze Pfefferkörner
- 1–2 Nelken
- 2 Msp. Safranfäden
- 250 ml heiße Gemüsebrühe
- Salz
- 8 Stängel frische Petersilie

● Reis in einem Sieb waschen und abtropfen lassen. Frühlingszwiebeln waschen und in feine Röllchen schneiden. 2 EL Olivenöl in einer Pfanne erhitzen. Temperatur reduzieren und die Frühlingszwiebeln darin 2 Min. anbraten. Temperatur hochschalten, Mandeln und Pinienkerne hinzufügen und etwa 4 Min. braten, bis sie leicht gebräunt sind. Die Pfanne vom Herd nehmen, den Zimt und die Korinthen unterrühren. Alles aus der Pfanne nehmen und beiseitestellen.

● Das restliche Olivenöl in der Pfanne erwärmen, Reis hinzufügen und unter Wenden glasig anbraten. Pfefferkörner, Nelken und Safranfäden untermischen. Die heiße Gemüsebrühe dazugießen und unter Rühren aufkochen. Hitze reduzieren, einen Deckel auf die Pfanne legen und alles etwa 12 Min. leise köcheln lassen, bis der Reis die Gemüsebrühe vollständig aufgesogen hat.

● Die Mischung aus Frühlingszwiebeln, Korinthen und Mandeln unterheben und bei geschlossenem Deckel und ausgeschalteter Herdplatte noch etwa 10 Min. ziehen lassen.

● Währenddessen die Petersilie waschen und fein hacken. Das Gericht mit Salz abschmecken und mit Petersilie bestreut servieren.

Variante Anstelle von Reis können Sie dieses Gericht auch mit Bulgur zubereiten.

Ein leckeres Rezept – auch für den Alltag

Türkische Reisnudel-Nester mit Paprika-Sauce

Für 2 Personen
⊘ 50 Min.

- 600 g reife türkische Paprika (ersatzweise reife Spitzpaprika)
- 1 kleine Zwiebel
- 1 Knoblauchzehe
- 1 Zitrone

- 6 Zweige Thymian (oder 1 TL getrockneter)
- 6 Salbeiblätter
- 1 kleiner Zweig Rosmarin (oder ½ TL getrockneter)
- 2 EL Olivenöl

- 50 ml Weißwein
- 200 ml Gemüsebrühe
- 250 g Reis- oder Fadennudeln
- 1–2 EL Mehl zum Binden
- Salz
- schwarzer Pfeffer

● Den Backofen auf 220 °C Ober-/Unterhitze vorheizen.

● Die Paprika im vorgeheizten Ofen auf der mittleren Schiene auf dem Kuchengitter 10–15 Min. backen, bis die Haut Blasen wirft. Aus dem Ofen nehmen, in ein feuchtes Geschirrtuch wickeln und nach etwa 5 Min. »Schwitzen« die Haut abziehen. Die Paprika längs aufschneiden, Strunk und Kerne entfernen und anschließend fein würfeln.

● Zwiebel und Knoblauch schälen und fein hacken. Die Zitrone halbieren, die Hälfte zu Saft pressen (Sie brauchen 1–1½ EL), die andere Hälfte in Spalten schneiden und zum Servieren beiseitelegen.

● Kräuter waschen, trocknen, Blättchen abzupfen und fein hacken. Ein wenig für die Garnitur beiseitelegen.

● Öl in einer Pfanne erhitzen, Zwiebel und Knoblauch glasig braten, Paprikawürfel hinzufügen und 2 Min. unter Wenden anschwitzen. Mit Weißwein und Gemüsebrühe ablöschen und etwa 10 Min. leise köcheln lassen. Die Paprika sollten noch ein wenig Biss haben.

● Die Reisnudeln nach Packungsanleitung (etwa 4 Min.) al dente garen, abseihen und abtropfen lassen.

● 1–2 EL Mehl für eine leichte Bindung unter die Sauce rühren. Kräuter hinzufügen und mit Salz, Pfeffer und Zitronensaft abschmecken.

● Die Reisnudeln in Nestform auf 2 Teller verteilen und die Sauce in die Mitte geben. Mit den beiseitegelegten Kräutern bestreuen und mit Zitronenspalten servieren.

Türkische Pizza – wie im Urlaub!

Pizza Lahmacun

Für 2 Personen
etwa 1 Stunde + 45 Min. Gehzeit + 12 Min. Backzeit

Für den Hefeteig
- 250 g Dinkelmehl
- ½ TL Salz
- 10 g frische Hefe
- ca. 130 ml lauwarmes Wasser
- 1 EL Olivenöl

Für den Belag
- 80 g Emmer, geschrotet

- 120 ml Gemüsebrühe
- 3 EL Olivenöl
- 1 Zwiebel
- 1–2 Knoblauchzehen
- ca. 200 g Tomaten
- 1 Peperoni
- 1 rote Paprika
- 4 EL Tomatenmark

- 1 geh. TL Paprika, edelsüß
- 1 geh. TL Thymian, getrocknet
- Salz
- schwarzer Pfeffer
- 1 Zitrone
- ½ Bund Petersilie

● Für den Teig Mehl und Salz in einer Schüssel mischen. Hefe mit etwas Wasser verrühren und mit dem Öl zum Mehl geben. In etwa 5–8 Min. zu einem geschmeidigen Teig kneten, dabei das restliche Wasser nach und nach dazugeben. Den Teig zugedeckt an einem warmen Ort etwa 45 Min. gehen lassen, bis sich sein Volumen verdoppelt hat.

● Den Backofen auf 200 °C Umluft vorheizen.

● Das Getreide in der Gemüsebrühe aufkochen. Den Herd abschalten und das Getreide zugedeckt 15 Minuten ausquellen lassen.

● Zwiebel und Knoblauch schälen und fein hacken. In 1 EL Öl unter ständigem Wenden 2–3 Min. anbraten.

● Die Tomaten häuten und in Würfel schneiden. Peperoni waschen und in feine Ringe schneiden. Paprika waschen, das Kerngehäuse entfernen und in grobe Würfel schneiden.

● Zwiebel, Knoblauch, Tomaten, Peperoni, Paprika und Tomatenmark fein pürieren. Das Getreide in der Pfanne mit 2 EL Öl etwa 4 Min. unter Wenden krümelig braten. Die Pfanne vom Herd nehmen, die pürierte Masse unterrühren und mit Paprika, Thymian, Salz und Pfeffer würzig abschmecken.

● Den Hefeteig halbieren, jeweils auf einer bemehlten Arbeitsfläche oval in Schiffsform ausrollen, auf ein gefettetes oder mit Backpapier ausgelegten Backblech legen und jeweils einen Rand formen. Die Masse gleichmäßig darauf verteilen und etwa 12 Min. backen.

● Die Zitrone auspressen. Petersilie waschen und fein hacken. Die fertigen Pizzen mit Zitronensaft beträufeln und mit Petersilie bestreut servieren.

Mittelmeer 77

Yufka-Teig selbstzumachen ist ganz einfach!

Türkische Yufka-Röllchen

Für 2 Personen
⏱ 35 Min. + Ruhezeit für den Teig + 15–20 Min. Backzeit

Für den Yufka-Teig
- 200 g Weizenmehl
- ¼–½ TL Salz
- 1 TL Olivenöl
- ca. 120 ml lauwarmes Wasser

Für die Füllung
- 1 Zwiebel
- 1 Knoblauchzehe
- 1 rote Peperoni
- 2 Champignons
- ½ Paprikaschote

- 150 g Lupinenfilet
  (ersatzweise Seitan)
- 4 EL Olivenöl
- 3 TL Tomatenmark
- Salz
- Pfeffer
- 1 geh. TL Oregano, getrocknet

Für die Käsecreme
- 175 g Cashewcreme
  (Seite 10)

- 1 EL Zitronensaft
- 40 ml Wasser
- ½ TL Bockshornklee
- ½ TL Schabzigerklee
- 2 EL Hefeflocken
- ½ TL Paprika, edelsüß
- 1 TL Senf
- Salz
- Pfeffer

● Das gesiebte Mehl mit dem Salz mischen. Öl und nach und nach das Wasser hinzufügen und zu einem geschmeidigen Teig kneten. Etwa 5–10 Min. kühl stellen.

● Den Backofen auf 180 °C Ober-/Unterhitze vorheizen.

● Zwiebel und Knoblauch schälen und fein hacken. Peperoni waschen und in feine Ringe schneiden. Champignons mit Küchenkrepp reinigen und in feine Scheiben schneiden. Paprika waschen, entkernen und in kleine Würfel schneiden. Lupinenfilet (oder Seitan) ebenfalls in kleine Würfel schneiden.

● 2 EL Öl in einer Pfanne erhitzen. Zwiebel, Knoblauch und Peperoni etwa 2 Min. braten, Lupinen-Würfel hinzufügen und weitere 3 Min. anbraten. Champignons, Paprika und bei Bedarf etwas Wasser hinzufügen. Weitere 1–2 Min. anbraten. Tomatenmark unterrühren, kurz

mitbraten und mit Salz, Pfeffer und Oregano würzen. Etwas abkühlen lassen.

● Für die Käsecreme alle Zutaten in einer Schüssel glattrühren.

● Aus dem Teig 4 Kugeln formen und jeweils dünn (etwa 20 × 20 cm) ausrollen. Die Teigplatten mit Olivenöl bepinseln und jeweils ein Viertel der Fülle darauf verteilen, dabei etwa 3 cm Rand lassen. Jeweils ein Viertel der Käsecreme auf die Fülle geben, aufrollen und die Ränder einschlagen. Die Rollen auf ein mit Backpapier belegtes Blech legen und mit Olivenöl bepinseln. Im Ofen etwa 15–20 Min. backen.

Afrika

Beim Stichwort Afrika hat man sofort Bilder von Wüsten oder Savannen, »the big 5« vor Augen. Aber kennen Sie auch die afrikanische Küche? Ich lade Sie ein auf eine Safari der anderen Art …

Sommerlich und erfrischend

Nordafrikanischer Paprika-Salat

Für 2 Personen
⏱ 20 Min.

2 Zwiebeln • 1–2 Knoblauchzehen • 1 rote Paprika • 1 grüne Paprika • 2 Stangensellerie • 2 grüne Peperoni • ½ Bund Petersilie • 10–15 frische Pfefferminzblättchen • ½ Zitrone • 2 EL Olivenöl • Salz • schwarzer Pfeffer

● Zwiebeln schälen und nach Belieben in halbe Ringe schneiden oder fein hacken. Knoblauch schälen und fein hacken. Paprika waschen, entkernen und in kleine Würfel schneiden. Stangensellerie waschen und in feine Ringe schneiden. Peperoni waschen, der Länge nach mit dem Messer aufschlitzen, die Kerne entfernen, dann fein hacken. Petersilie waschen, trocknen und fein hacken. Minzeblätter waschen und ebenfalls fein hacken. Die halbe Zitrone auspressen.

● Das Gemüse in eine Schüssel geben und mit dem Öl und dem Zitronensaft gut vermengen. Anschließend die Kräuter untermischen und mit Salz und Pfeffer würzig abschmecken.

Das passt dazu frisches Brot oder ein veganes Bratstück

Tipp In großer Menge zubereitet eignet sich dieser Salat auch für Partys oder Grillfeste.

Schmeckt lauwarm und kalt

Marokkanischer Karotten-Erbsen-Salat

Für 2 Personen
⏱ 25 Min.

Für den Salat
250 g Karotten • 300 g frische Erbsen • ca. 300 ml Gemüsebrühe • 1–2 Schalotten • 1–2 EL Rosinen
Für das Dressing
1 EL Cashewmus • ca. 3 EL Wasser • 6 Stängel Petersilie • 1 TL Ras el Hanout • Salz • schwarzer Pfeffer • 1 TL Zitronensaft • 1 EL Weißweinessig

● Karotten waschen und in dünne Scheiben hobeln. Die Erbsen aus den Schalen lösen. Beides in einen Topf geben und mit Gemüsebrühe auffüllen, bis das Gemüse knapp bedeckt ist. 10 Min. leise köcheln lassen, bis das Gemüse weich, aber noch bissfest ist. Abseihen, kalt abschrecken und etwas abkühlen lassen.

● Für das Dressing das Cashewmus mit Wasser in einer Schüssel glatt rühren. Petersilie waschen, fein hacken und mit den übrigen Dressingzutaten unterrühren.

● Schalotten schälen und in feine Ringe schneiden. Das Karotten-Erbsen-Gemüse in einer Schüssel mit Schalottenringen, Rosinen und dem Dressing vermengen und entweder gleich lauwarm oder gut durchgezogen kalt servieren. Auf Wunsch mit Petersilie garnieren.

Afrika 81

Überzeugt auch nicht vegane Gäste!

Nordafrikanische Brokkoli-Suppe

Für 2 Personen
⊙ 30 Min.

- 1 kleiner Brokkoli
- ca. 400 ml Gemüsebrühe
- 50 ml Weißwein
- 1 kleine Knoblauchzehe
- 1 dünne Scheibe frischer Ingwer

- 1½ TL Ras el Hanout
- Salz
- 1–2 TL Zitronensaft
- 110 g Cashewcreme (Seite 10)
- 1 EL Olivenöl

- 1 Msp. Cayennepfeffer
- 1 Msp. Salz
- 4 Zweige frischer Koriander

● Brokkoliröschen vom Strunk schneiden und waschen. Etwa ein Viertel der Röschen vorsichtig in Scheiben schneiden und beiseitelegen zum späteren Anbraten. Den Rest klein schneiden und in einen Topf geben. Mit Gemüsebrühe und Wein aufgießen, bis das Gemüse knapp bedeckt ist. Aufkochen und bei kleiner Hitze zugedeckt köcheln lassen, bis der Brokkoli gar ist.

● In der Zwischenzeit Knoblauch und Ingwer schälen und sehr fein hacken. Nach der Kochzeit Knoblauch, Ingwer und Ras el Hanout unter die Suppe rühren und alles im Mixer fein pürieren. Die Suppe anschließend noch ein paar Min. bei kleiner Hitze ziehen lassen, mit Salz abschmecken und mit Zitronensaft aromatisieren.

● Die Cashewcreme in die Suppe einrühren, aber nicht kochen, sondern nur warm halten.

● Öl in einer Pfanne erhitzen und die beiseitegelegten Brokkoli-Scheiben bei mittlerer Hitze von beiden Seiten anbraten. Mit einem Hauch Salz und Cayennepfeffer würzen.

● Koriander waschen, trocken tupfen und fein hacken. Die feinen Stängel verwende ich weitestgehend mit.

● Die Suppe in 2 Schüsselchen anrichten, die gebratenen Brokkoli-Scheiben dekorativ daraufgeben und mit Koriander bestreut servieren.

Variante Anstelle der Cashewcreme können Sie auch 100 g Hafer- oder Sojasahne verwenden.

Wissen Ras el Hanout ist eine ursprünglich marokkanische Gewürzmischung, die bis zu 25 verschiedene Gewürze enthalten kann. Die konkrete Geheimmischung kennt meist nur der »Chef des Hauses«. Wörtlich übersetzt bedeutet Ras el Hanout »Chef des Ladens«. Typische scharfe, süße und bittere Gewürze sind Muskat, Zimt, Macis, Anis, Schwarzkümmel, Kurkuma, Chilischoten, Kardamom usw. Manche mischen auch »Spanische Fliege« darunter. Das ist ein getrockneter und gemahlener Käfer, der als Aphrodisiakum die Liebeskraft anfeuern soll ... Achten Sie also darauf, dass die Gewürzmischung auch wirklich vegan ist!

Afrika

Eine aromatische und wärmende Suppe aus Marokko

Tomaten-Kürbis-Suppe

Für 2 Personen als Hauptgericht
🕐 1 Stunde 10 Min.

- 1–2 Knoblauchzehen
- 1 Zwiebel
- 400 g Kürbisfleisch
  (z. B. Hokkaido)
- 2 Stangensellerie
- 2 kleine Karotten
- 4 große Tomaten

- 1 Bund frischer Koriander
- 2 EL Olivenöl
- 1 EL Tomatenmark
- 1½ TL Ras el Hanout
- ½ TL Kurkuma
- 800 ml Gemüsebrühe
- 80 g vegane Faden-Nudeln

- Salz
- schwarzer Pfeffer
- 3 EL Sojajoghurt
  (oder Cashewcreme,
  Seite 11)

● Knoblauch und Zwiebel schälen und fein hacken. Kürbisfleisch in kleine Würfel schneiden. Bei der Verwendung von Hokkaido können Sie die Schale mitverwenden. Sellerie waschen und in dünne Ringe schneiden. Karotten waschen und in dünne Scheiben schneiden. Tomaten am Strunk kreuzweise einschneiden, in einer Schüssel mit kochendem Wasser übergießen, kurz ziehen lassen, kalt abschrecken und die Haut abziehen. Anschließend das Fruchtfleisch in Würfel schneiden. Koriander waschen, fein hacken und zum späteren Garnieren etwa 1 EL beiseitelegen.

● Öl in einem Topf erhitzen. Knoblauch und Zwiebel etwa 2 Min. anbraten. Kürbis, Sellerie und Karotten hinzufügen und unter Wenden weitere 2–3 Min. braten. Tomaten unterrühren und weitere 5 Min. mitbraten. Tomatenmark, Ras el Hanout, Kurkuma und Koriander unterrühren. Die Gemüsebrühe angießen, zum Kochen bringen und bei kleiner Hitze und geschlossenem Deckel 30 Min. leise köcheln lassen.

● Anschließend im Mixer pürieren und zurück in den Topf geben. Die Fadennudeln einrühren und gemäß der Packungsanleitung (etwa 3–4 Min.) garen. Die Suppe mit Salz und Pfeffer würzig abschmecken, in Suppenschüsseln füllen und mit einem Klecks Sojajoghurt garnieren. Mit dem beiseitegelegten Koriander bestreut servieren.

Das passt dazu frisches Brot

Tipp Hokkaido-Kürbis ist die einzige Kürbissorte, bei der man die Schale mitessen kann. Alle anderen Kürbissorten müssen geschält werden.

Afrika 85

Gemüse auf afrikanische Art
Tajine – Afrikanischer Schmortopf

Für 2 Personen
⏱ 45 Min.

- 1 Zwiebel
- 1 Knoblauchzehe
- 350 g Kartoffeln
- 350 g frische Erbsen
  (oder 175 g aus dem Glas)
- 2 Gläser Artischockenherzen
  (Abtropfgewicht insg. 240 g)

- ½ Bund frischer Koriander
- ¼ Bund frische Pfefferminze
  (optional)
- ¼ Bund Petersilie
- ½ kleine Zitrone
- 2–3 EL Olivenöl
- 1 Msp. Safranfäden

- 1 gestrichener TL Kurkuma
- ca. 250 ml Gemüsebrühe
- 1 eingelegte Zitronenspalte,
  ersatzweise 1 Scheibe frische
  Zitrone
- Salz
- schwarzer Pfeffer

● Zwiebel und Knoblauch schälen und fein hacken. Kartoffeln waschen, nach Bedarf schälen und je nach Größe vierteln oder achteln. Erbsen aus der Schale lösen. Artischocken in ein Sieb geben, gut abtropfen lassen und bis zum späteren Gebrauch beiseitestellen. Koriander, Minze und Petersilie waschen und fein hacken. 1 EL gehackte Kräuter für die Garnitur beiseitestellen. Die halbe Zitrone auspressen.

● Öl in der Tajine erhitzen. Die gehackten Zwiebeln etwa 5 Min. bei schwacher Hitze glasig dünsten. Knoblauch hinzufügen und kurz mitbraten. Kartoffeln, Zitronensaft, Safran, Kurkuma und die Kräuter unterrühren. Mit Gemüsebrühe auffüllen, bis das Gemüse knapp bedeckt ist. Aufkochen und bei kleiner Hitze etwa 15 Min. zugedeckt köcheln lassen, bis die Kartoffeln gar sind.

● Die eingelegte Zitrone fein hacken und zusammen mit den Artischockenherzen und den Erbsen in die Tajine geben, aufkochen, Temperatur leicht reduzieren und bei geschlossenem Deckel weitere 10 Min. unter gelegentlichem Rühren garen. Mit Salz und Pfeffer abschmecken und mit den beiseitegestellten Kräutern bestreut servieren.

Tipp Wenn Sie keine Tajine haben, nehmen Sie eine tiefe schwere Pfanne mit Deckel. Der Geschmack ist dann allerdings ein anderer.

Ein afrikanisches Geschmackserlebnis

Tajine mit Süßkartoffeln, Früchten und Nüssen

Für 2 Personen
⊘ 25 Min. + 35 Min. Backzeit

- 2 Zwiebeln (ca. 180 g)
- 1 Knoblauchzehe
- 500 g Süßkartoffeln
- 2–3 Karotten
- 120 g Trockenpflaumen
- 1 Stück Ingwer (5–10 g)

- 3–4 EL Olivenöl
- 1 gestr. TL Zimt
- 50 ml Weißwein (ersatzweise Gemüsebrühe)
- 250 ml Gemüsebrühe
- Salz

- schwarzer Pfeffer
- ½ Bund frischer Koriander
- 4 Zweige frische Pfefferminze
- 50 g Erdnüsse ungesalzen

● Den Backofen auf 200 °C Ober-/Unterhitze vorheizen.

● Zwiebeln schälen und in halbe Ringe schneiden. Knoblauch schälen und fein hacken. Süßkartoffeln waschen, schälen und in mundgerechte Stücke schneiden. Karotten waschen und in Scheiben schneiden. Trockenpflaumen je nach Größe halbieren oder vierteln. Ingwer schälen und sehr fein hacken oder reiben.

● Öl in der Tajine erhitzen. Zwiebeln und Knoblauch darin etwa 5 Min. anbraten. Süßkartoffeln und Karotten hinzufügen und unter gelegentlichem Wenden anbraten, bis sie eine sehr leichte Bräune haben. Trockenpflaumen, Ingwer und Zimt unterrühren. Mit Weißwein und Gemüsebrühe ablöschen, großzügig salzen und pfeffern und etwa 35 Min. im Backofen auf der mittleren Schiene garen.

● Währenddessen Koriander und Pfefferminze waschen und trocken tupfen. Koriander fein hacken, die Blättchen von der Minze zupfen und ebenfalls fein hacken.

● Erdnüsse in einer Pfanne ohne Fett kurz anrösten, bis sie zu duften beginnen.

● Die Erdnüsse und die Kräuter unter das fertige Gericht mischen und heiß servieren.

Tipp Dieses Gericht macht angenehm satt. Bei größerem Hunger können Sie auch Reis oder frisches Brot dazu servieren.

Auf Wunsch mit raffiniertem Fisch-Geschmack durch Nori-Algen

Bohneneintopf von den Kapverden

Für 2 Personen
⊘ 40 Min.

- 70 g Maiskörner
- 150 g Kidneybohnen aus dem Glas oder der Dose
- 1 Zwiebel
- 1 Knoblauchzehe
- 250 g Süßkartoffeln

- 1 Stück Langpfeffer (ersatzweise 4 Körner schwarzer Pfeffer)
- 150 vegane Chorizo-Wurst (z. B. von Fa. Wheaty)
- 2 grüne Peperoni
- 2–3 EL Erdnussöl

- 1 TL Tomatenmark
- ca. 500 ml Gemüsebrühe
- 1 Lorbeerblatt
- Salz
- 1–2 EL Nori-Algen-Flocken (optional)

● Maiskörner und Kidneybohnen in einem Sieb waschen und abtropfen lassen. Zwiebel schälen und in halbe Ringe schneiden. Knoblauch schälen und fein hacken. Langpfeffer im Mörser fein zerstoßen. Süßkartoffeln waschen, schälen, längs halbieren und in dünne Scheiben schneiden. Die Chorizo pellen und in dünne Scheiben schneiden. Peperoni waschen und in Ringe schneiden. Die Kerne entfernen, wenn Sie es nicht so scharf mögen.

● Öl in einer Pfanne oder im Topf erhitzen. Zwiebeln und Chorizo darin anbraten, bis sie eine schöne Bräune haben. Süßkartoffeln, Tomatenmark, Knoblauch, Bohnen und Mais hinzufügen, kurz mitbraten und mit der Gemüsebrühe ablöschen. Die Gemüsebrühe sollte den Eintopf gut bedecken. Das Lorbeerblatt hinzufügen, mit Salz und Langpfeffer würzen. Zugedeckt etwa 20 Min. bei kleiner Hitze köcheln lassen.

● Wenn Sie dem Eintopf einen angenehmen Fischgeschmack verleihen wollen, rühren Sie am Ende 1–2 EL Nori-Algen-Flocken darunter.

Variante Statt Peperoni können Sie auch 75 g Pimientos de Padrón verwenden. Geben Sie diese zu den bereits gebratenen Zwiebeln und der Chorizo und braten Sie sie 2 Min. mit. Erst dann Süßkartoffeln, Tomatenmark, Knoblauch, Bohnen und Mais hinzufügen.

Scharfes Gemüse wie in Afrika
Gemüse mit Harissa auf Couscous

Für 2 Personen
⏲ 45 Min.

- 5 kleine Frühkartoffeln
- 1 kleiner Blumenkohl
- 1 große Karotte
- 1 Zwiebel
- 1 Knoblauch
- 1 getrocknete kleine Chili-schote
- 2–3 EL feinstes Olivenöl

- 1 EL Kurkuma
- ½ TL Kreuzkümmel
- ½ TL Thymian
- ¼ TL Safranfäden
- Salz
- Pfeffer
- 250 ml Gemüsebrühe
- 75 g Erbsen aus dem Glas

- 2 TL Harissa-Paste
- 120–150 g Couscous
- Salz
- 1 TL Pflanzenöl

Zum Garnieren
- frische Minze
- Schnittlauch
- Estragon

● Kartoffeln waschen, bei Bedarf schälen und der Länge nach halbieren. Blumenkohl in Röschen teilen und waschen. Karotte waschen, der Länge nach vierteln und in etwa 3 cm lange Stücke schneiden. Zwiebel und Knoblauch schälen und fein hacken. Chilischote fein hacken.

● Öl in einer tiefen Pfanne erhitzen. Zwiebel und Knoblauch darin glasig dünsten. Chili, Kurkuma, Kreuzkümmel, Thymian, Safran und jeweils etwa ¼ TL Salz und Pfeffer hinzufügen und verrühren. Sofort Kartoffeln, Blumenkohl und Karotten hinzufügen und unter Wenden 2 Min. ringsum anbraten. Brühe angießen und aufkochen lassen. Die Hitze reduzieren und alles zugedeckt etwa 15–20 Min. köcheln lassen, bis die Kartoffeln weich sind. Erbsen und Harissa unterrühren und auf der ausgeschalteten Herdplatte noch etwas ruhen lassen.

● Couscous mit der doppelten Menge Salzwasser aufkochen. Den Herd ausschalten und den Couscous auf der ausgeschalteten Herdplatte etwa 15 Min. quellen lassen. Anschließend Pflanzenöl dazugeben und mit einer Gabel auflockern.

● Die Kräuter waschen und fein hacken. Couscous auf 2 Tellern anrichten, mit Gemüse und Sauce bedecken und mit den Kräutern bestreut servieren.

Afrika 91

Ein raffiniertes Dessert aus Afrika
Süßer Karotten-Strudel mit Joghurt

Für 2 Personen
⊘ 40 Min. + 20 Min. Backzeit

Für die Strudel
- 175 g Karotten
- 10 ml Sonnenblumenöl
- 3 EL Dattelsirup (Seite 13) oder Vollrohrzucker
- 200 ml frisch gepresster Orangensaft
- 2 EL Zitronensaft

- 1 Msp. Zimt
- 1 Sternanis
- 1 EL Korinthen
- 1 EL Walnusskerne, gehackt
- 250 g veganer Blätterteig, aufgetaut
- 1 EL Pistazienkerne
- 1–2 EL Sonnenblumenöl

Für den Joghurt
- 125 g Sojajoghurt (oder Cashewcreme, Seite 11)
- 1 EL Limettensaft
- 1–2 EL Dattelsirup (Seite 13) oder Vollrohrzucker
- 1–2 TL Pistazien, gehackt

● Karotten waschen und raspeln. In einem Topf Sonnenblumenöl erhitzen. Dattelsirup oder Zucker, Orangen- und Zitronensaft, Zimt, Sternanis, Korinthen und Walnüsse sowie die geraspelten Karotten hinzufügen und bei geschlossenem Deckel 10 Min. köcheln lassen. Anschließend den Deckel entfernen und so lange weiterkochen lassen, bis alle Flüssigkeit verdampft ist. Etwas abkühlen lassen und den Sternanis entfernen.

● Den Backofen auf 180 °C Ober-/Unterhitze vorheizen.

● Für den Joghurt alle Zutaten in eine Schüssel geben und verrühren. Kalt stellen.

● Blätterteig auf einer bemehlten Arbeitsfläche auslegen (oder auch zu 2 gleich großen Rechtecken ausrollen, je nach Produkt). Die Fülle mittig in einem länglichen Strang auf den Teig legen und die Teigenden über der Fülle vorsichtig zusammenkneten. Die Ränder ebenfalls durch Zusammenkneten verschließen. Mit etwas Sonnenblumenöl bestreichen und im Ofen etwa 20–25 Min. backen.

● Mit Pistazien bestreuen und mit dem Joghurt servieren.

Vorderer Orient

Wuselige Bazare und Märkte, bunte Gewürze, exotisches Obst, überraschende Düfte und Aromen lassen Sie uns gemeinsam Gaumenfreuden aus Tausendundeiner Nacht entdecken ...

Rot und gesund – ein Vollwertrezept

Arabischer Rote-Bete-Granatapfel-Salat

Für 4 Personen als Vorspeise oder für 2 Personen als Hauptgericht
⊘ 45 Min. + 2 Stunden Marinierzeit

- 300 g frische Rote Bete
- 2 Granatäpfel
- 1 Limette
- 2 EL Olivenöl

- 1 EL Dattelsirup (Seite 13) oder Vollrohrzucker
- Salz
- schwarzer Pfeffer

- 50 g Paranüsse (oder andere Nüsse)
- 1 kleines Bund frischer Thymian

● Rote Bete unter fließendem Wasser waschen und bürsten. Die Wurzelteile unbedingt dranlassen und nicht wegschneiden, weil die Knollen sonst beim Kochen ausbluten. Die Rote Beten in Salzwasser in etwa 25–40 Min., je nach Größe, weich garen.

● Einen Granatapfel halbieren und eine Hälfte auspressen, Sie brauchen 2 EL Saft. Den Rest des Granatapfels für einen anderen Zweck verwenden (z. B. Müsli). Die Limette ebenfalls auspressen, Sie brauchen 1 EL Saft. Auch hier den Rest für einen anderen Zweck verwenden. Aus Granatapfelsaft, Limettensaft, Öl, Dattelsirup, Salz und Pfeffer eine Marinade anrühren.

● Die gegarten Rote Beten kalt abschrecken, die Haut abschälen, dabei auch die Wurzelansätze entfernen, und das Fruchtfleisch in kleine Würfel schneiden. Zusammen mit der Marinade in einer Schüssel vermischen und im Kühlschrank etwa 2 Stunden marinieren.

● Vom zweiten Granatapfel die Kerne herauslösen. Die Paranüsse in einer Pfanne ohne Fett rösten, bis sie zu duften beginnen, und grob hacken.

● Thymian waschen und die Blättchen abzupfen. Die marinierten Rote Beten mit den Granatapfelkernen, den Paranüssen und dem Thymian vermischen, eventuell noch mal mit Salz und Pfeffer abschmecken.

Das passt dazu Fladenbrot (Seite 99)

Vorderer Orient

Ein leckeres Gericht aus dem Libanon
Falafeln mit Sesam-Sauce

Für etwa 12 Stück, für 2 Personen als Hauptgericht
⏱ 40 Min. + 12–24 Stunden Einweichzeit Kichererbsen

Für die Falafeln
- 175 g getrocknete Kicher-erbsen
- Salz
- je 1 Rosmarin- und Thymian-zweig
- 1 kleine Zwiebel
- 2 Knoblauchzehen
- 1 Peperoni
- ½ Bund frischer Koriander
- 10 kleine Pfefferminzblätter

- 1–2 Kardamomkapseln (oder 1 Msp. Kardamom gemahlen)
- ½ –1 TL Salz
- ¼ TL Kreuzkümmel (Cumin), gemahlen
- ¼ TL Koriander, gemahlen
- eventuell etwas Mehl
- Kokosöl zum Braten

Für die Sesamsauce
- ½ Bund frischer Koriander
- 1 Zitrone
- 1–2 Knoblauchzehen
- 100 g Tahin (Sesampaste)
- 75 ml Wasser
- Salz
- 1 Msp. Cayennepfeffer (optional)
- schwarzer Pfeffer
- 1 EL Sesam

● Kichererbsen in reichlich kaltem Wasser in einer Schüssel mindestens 12 Stunden einwei-chen. Für den optimalen Geschmack möglichst alle 3 Stunden die Hälfte des Einweichwassers abgießen und mit frischem Wasser auffüllen.

● Anschließend die Kichererbsen in ein Sieb geben, erneut waschen und mit reichlich Was-ser, Salz, Rosmarin und Thymian aufkochen und 30–45 Min. (bitte Packungsanleitung beachten) zugedeckt leise köcheln lassen, bis die Kiche-rerbsen gar sind. Abseihen, Kräuter entfernen und abtropfen lassen.

● Zwiebel und Knoblauch schälen und fein hacken. Peperoni waschen und fein hacken. Je nach Geschmack die Kerne entfernen, sie sind scharf. Koriander und Pfefferminze waschen und fein hacken. Die Kardamomkapseln im Mör-ser zerstoßen und die Schalenstücke entfernen. Alles zusammen mit Salz, Kreuzkümmel und Koriander in einer Schüssel gut vermischen. Die

Kichererbsen hinzufügen und zu einer Paste kneten. Je nach Konsistenz etwas Wasser oder etwas Mehl für die Bindung unterkneten. Die Paste sollte eine Konsistenz haben, die ihre Form behält, wenn man sie zu flachen Talern formt.

● Die Falafel-Taler in Kokosöl von beiden Seiten goldbraun anbraten.

● Für die Sesamsauce den Koriander waschen und fein hacken. Die Zitrone auspressen. Knob-lauch schälen und fein hacken. Zusammen mit Tahin, Wasser, Salz, Cayennepfeffer und Pfeffer zu einer feinen Sauce pürieren. Sesam unterrüh-ren und in einer kleinen Schüssel zum Dippen zu den Falafeln reichen.

Das passt dazu ein frischer grüner Blattsalat

Vorderer Orient 97

Ein köstliches Beispiel für »Mezze«
Karotten-Aprikosen-Nuss-Bällchen

Für 2 Personen als Hauptgericht
⊘ etwa 1 Stunde

- 400 g frische Bundkarotten
- 70 g getrocknete ungeschwe-
  felte Aprikosen
- 30 g Pekan- oder Walnüsse
- 1 Zwiebel (100 g)
- 1 Knoblauchzehe
- 2 kleine Zitronen
- ½ Bund Petersilie
- 1 EL Kokosöl
- Salz
- Pfeffer

- 1–1½ TL gemahlener
  Koriander
- 1 gestr. TL Paprika, edelsüß
- 1 TL Harissa
- 1 EL Dattelsirup (Seite 13)
  oder Vollrohrzucker
- 1–2 EL Speisestärke
- 60 g Mais-Semmelbrösel
- 2–3 EL Mehl
- 3–4 EL Kokosöl zum
  Ausbacken

Für den Joghurt-Mandel-Dip
- 200 g Sojajoghurt
- ¼ TL Zitronenschale
- 1 TL Zitronensaft
- ½ TL Kreuzkümmel
- 1 TL Dattelsirup (Seite 13)
  oder Vollrohrzucker
- Salz
- 20 g Mandelblättchen

● Die Karotten waschen, bürsten und mit dem Gemüsehobel fein raspeln. In Salzwasser etwa 10 Min. leise köcheln lassen, bis sie weich sind. Abseihen und etwas abkühlen lassen.

● Die Aprikosen in feinste Würfel schneiden. Die Pekannüsse in einer Pfanne ohne Fett rösten und anschließend grob hacken. Zwiebel und Knoblauch schälen und fein hacken. Zitronen waschen und trocknen. Etwas mehr als 1 TL Schale abreiben, eine Zitrone auspressen, die andere Zitrone in Spalten schneiden. Etwa ¼ TL Schale und 1 TL Saft für den Dip beiseitestellen. Petersilie waschen und fein hacken.

● Für den Dip Sojajoghurt mit Zitronenschale, Zitronensaft, Kreuzkümmel, Sirup und einer kräftigen Prise Salz vermischen. Die Mandelblättchen in einer Pfanne ohne Fett rösten, abkühlen lassen und unter den Joghurt mischen. Im Kühlschrank etwas durchziehen lassen.

● Das Öl in einer Pfanne erhitzen und die Zwiebeln darin etwa 5 Min. glasig braten. Knoblauch und Aprikosen hinzufügen und weitere 2–3 Min. mitdünsten und abkühlen lassen.

● Die Karotten pürieren, bei Bedarf etwas Wasser hinzufügen. In einer Schüssel mit Salz, Pfeffer, Koriander, Paprika, Harissa, Dattelsirup, Speisestärke, Semmelbröseln, Petersilie, Nüssen, Zitronenschale und -saft sowie der Zwiebelmischung mit den Händen durchkneten. 12 Bällchen formen und in Mehl wenden. In Kokosöl in etwa 7–10 Min. von allen Seiten goldbraun anbraten und mit Zitronenspalten servieren.

Das passt dazu Fladenbrot (Seite 99) und ein grüner Salat

Variante Anstelle von Sojajoghurt können Sie 200 g Cashewcreme (Seite 10) verwenden.

Schmeckt herrlich orientalisch!

Fatousch – Libanesischer Brotsalat

Für 2 Personen als Hauptgericht oder
für 4 Personen als Vorspeise
⊘ 30 Min.

4 Frühlingszwiebeln • ½ Bund Petersilie •
10–15 kleine Pfefferminzblätter • 150 g Salatgurke • 200 g Cocktailtomaten • 1 kleine Paprikaschote • 1 Zitrone • ¼ TL Kreuzkümmel,
gemahlen (Cumin) • 2 EL Olivenöl • 3 EL Wasser •
Salz • schwarzer Pfeffer • 1 Knoblauchzehe • 150 g
Fladenbrot (Seite 99) • 2 EL Olivenöl

● Frühlingszwiebeln waschen und in feine Röllchen schneiden. Petersilie und Pfefferminzblätter waschen, trocken tupfen und fein hacken.
Salatgurke waschen, längs vierteln und in
Scheiben schneiden. Cocktailtomaten waschen
und halbieren. Paprikaschote waschen, Kerngehäuse entfernen und in Streifen schneiden.
Alles zusammen in einer Schüssel mischen.

● Die Zitrone auspressen. Sie brauchen
4 EL Saft. Zitronensaft mit Kreuzkümmel,
2 EL Olivenöl, 3 EL Wasser, Salz und Pfeffer zu
einer Marinade anrühren und unter den Salat
mischen.

● Die Knoblauchzehe schälen und fein hacken.
Fladenbrot in kleine Würfel schneiden. 2 EL
Olivenöl in einer beschichteten Pfanne erhitzen
und die Brotwürfel darin etwa 3 Min. rösten.
Knoblauch hinzufügen und weitere 2 Min.
rösten. Die Brotwürfel unter den Salat mischen
und servieren.

Ein leckeres Brot für jede Gelegenheit

Libanesisches Fladenbrot

Für 6 kleine Fladenbrote
⊘ 15 Min. + 15 Min. Backzeit + Gehzeit des Teigs

400 g Weizen- oder Dinkelmehl • 1 TL Salz •
½ Würfel frische Hefe • ca. 250 ml lauwarmes
Wasser • 1 EL Sesamöl • Sesamöl zum Bestreichen

● Mehl und Salz in einer Schüssel mischen.
Hefe zerbröckeln, in etwas Wasser mit dem
Schneebesen auflösen und mit dem Öl zum
Mehl geben. Mit den Händen zu einem geschmeidigen Teig kneten, dabei nach und nach
das restliche Wasser hinzufügen. An einem
warmen Ort zugedeckt etwa 45 Min. gehen
lassen.

● Backofen auf 220 °C Ober-/Unterhitze vorheizen (bitte keine Umluft!)

● Aus dem Teig 6 gleich große Kugeln formen
und diese auf der Arbeitsplatte platt drücken,
sie sollten einen Durchmesser von etwa 20 cm
haben. Die Brote auf ein mit Backpapier ausgelegtes Backblech legen, mit einem Tuch bedecken und nochmals 10 Min. gehen lassen. Die
Brote etwa 7 Min. backen, wenden, mit Sesamöl
bestreichen und weitere 7 Min. backen.

Tipp Dieses Brot eignet sich auch wunderbar
zum Füllen!

◖◗ Fatousch – Libanesischer Brotsalat

Vorderer Orient

Mit Kreuzkümmel für den typischen Geschmack

Libanesische Linsensuppe mit Mangold

Für 2 Personen als Hauptgericht
⊘ 55 Min.

- 1 kleine Karotte
- ca. 15 g Petersilienwurzel
- 1 Stangensellerie + etwas Blattgrün
- 1 kleine Stange Lauch
- 8 Stängel Petersilie

- 150 g braune Linsen
- ca. 1 Liter Gemüsebrühe
- 1 Zwiebel
- 2 Knoblauchzehen
- 350 g Mangold (oder Spinat)
- ¼–½ Bund frischer Koriander

- 2 EL Olivenöl
- ca. 1 gestr. TL Salz
- ½-1 TL Kreuzkümmel, gemahlen

● Karotte, Petersilienwurzel und Sellerie waschen und in sehr kleine Würfel schneiden. Vom Lauch nur das helle grüne vordere Stück verwenden, der Länge nach halbieren, waschen und in feine Ringe schneiden. Petersilie und ein paar Sellerieblätter waschen und fein hacken. Alles zusammen mit den Linsen in einen großen Topf geben, mit etwa 800 ml Gemüsebrühe auffüllen und so lange kochen, bis die Linsen gar sind (Packungsanweisung beachten – etwa 25 Min.).

● Die Zwiebel schälen und fein hacken. Knoblauch schälen und in feine Scheiben schneiden. Mangold waschen, die Stiele entfernen und die Blätter in sehr grobe Stücke oder Streifen schneiden. Koriander waschen und fein hacken.

● Das Öl am besten im Wok erhitzen. Zwiebel und Knoblauch darin glasig dünsten, den Mangold hinzufügen und unter Wenden etwa 2–3 Min. anbraten, bis er zusammengefallen ist.

● Die Linsen mit der Brühe und dem Gemüse zum Mangold in den Wok geben, mit Salz und Kreuzkümmel abschmecken und weitere 10 Min. zugedeckt köcheln lassen. Eventuell noch etwas Gemüsebrühe angießen. Die Suppe in Suppenschalen anrichten und mit Koriander bestreut servieren.

Tipp Mangoldstiele müssen nicht entsorgt werden, sondern können kleingeschnitten als Suppengemüse verwendet oder in feine Ringe geschnitten z. B. mit Schalotten, Tamari, Pfeffer und etwas Zitronensaft als Beilagen-Gemüse gegessen werden.

Vorderer Orient

Ein ägyptisches Nationalgericht
Kosheri

Für 2 Personen
⊘ 50 Min.

- 100 g Linsen-Reis-Mischung
- 200 ml Wasser
- 1 Prise Salz
- 200 g gegarte Kichererbsen (Glas oder Dose)
- ¼ TL Kreuzkümmel, gemahlen
- ¼ TL Koriander, gemahlen

- ¼ TL Cayennepfeffer
- 20 ml Rotweinessig
- 1 große Zwiebel
- 1 TL Dattelsirup (Seite 13) oder Vollrohrzucker
- 3 EL Olivenöl
- 80 g Dinkel-Fadennudeln

- 150–200 g frische Tomaten
- 1 Zwiebel
- 1 Knoblauchzehe
- Salz
- Pfeffer

● Linsen-Reis-Mischung in 200 ml Wasser aufkochen und mit 1 Prise Salz bei geschlossenem Deckel etwa 35 Min. bei kleinster Hitze leise köcheln lassen.

● Kichererbsen, Kreuzkümmel, Koriander, Cayennepfeffer und Essig in einer Schüssel mischen und etwa 30 Min. ziehen lassen. Dabei gelegentlich umrühren.

● Für die Röstzwiebeln die große Zwiebel schälen und in halbe Ringe schneiden. In einer beschichteten Pfanne 2 EL Öl erhitzen und die Zwiebelringe bei mäßiger Hitze und häufigem Wenden 15 Min. dünsten. Dann den Dattelsirup oder Vollrohrzucker einrühren und etwa 15 Min. bei kleiner Hitze und gelegentlichem Rühren rösten.

● Die Nudeln entsprechend der Packungsanleitung etwa 4 Min. garen, in ein Sieb abgießen und abtropfen lassen.

● Tomaten häuten und in Würfel schneiden. Zwiebel und Knoblauch schälen und fein hacken.

● In einer zweiten Pfanne das restliche Öl erhitzen. Zwiebel und Knoblauch etwa 2–3 Min. anbraten, Tomatenwürfel hinzufügen und etwa 10 Min. leise köcheln lassen. Mit Salz und Pfeffer abschmecken.

● Die fertig gegarte Linsen-Reis-Mischung, die Kichererbsen und die Fadennudeln unter die Tomatensauce rühren, nochmal mit den Gewürzen abschmecken und mit den Röstzwiebeln bestreut servieren.

Tipp Wenn Sie etwas mehr Zeit haben, können Sie anstelle von Kichererbsen aus dem Glas auch 100 g getrocknete Kichererbsen (Seite 96) nehmen. Diese müssen Sie etwa 12 Stunden einweichen und etwa 30–45 Min. weich garen. Sie schmecken noch besser.

Schmeckt auch mit anderen Trockenfrüchten

Arabisches Reisgericht mit Früchten

Für 2 Personen
⊘ 45 Min.

130 g Vollkornreis • Salz • 1 EL Dinkelschrot • 40 g getrocknete Feigen • 25 g getrocknete Datteln ohne Stein • 25 g getrocknete Aprikosen • 15 g Rosinen • 50 g Karotte • 150 g Kartoffeln • 1 Prise Safranfäden • 1–2 Msp. Pfeffer • 1 EL Kürbiskerne • 1 EL Sonnenblumenkerne • 1 EL Pinienkerne • ca. 5 g frischer Ingwer • 2 Scheiben frische Ananas • 1–2 EL geröstetes Sesamöl • ¼ TL Kreuzkümmel • 1 EL Sesam

● Den Reis (Garzeit etwa 35–40 Min.) in kochendes Salzwasser einstreuen und bei kleiner Hitze etwa 20 Min. köcheln lassen, um dann weitere Zutaten bis zum Ende der Garzeit hinzuzufügen.

● Den Dinkel schroten und die Trockenfrüchte (außer Rosinen) in kleine Würfel schneiden. Karotte und Kartoffeln schälen und würfeln. Diese Zutaten zusammen mit Safran, Pfeffer und den Samenkernen (ohne Sesam) unter den Reis rühren. Damit nichts anbrennt noch etwas Wasser hinzufügen und bis zum Ende der Garzeit zugedeckt leise köcheln lassen.

● Den Ingwer schälen und fein hacken. Ananas in kleine Stücke schneiden. Das Öl in einer Pfanne erhitzen. Ingwer, Ananas, Kreuzkümmel und Sesam kurz anrösten und unter den Reis mischen.

● Das Gericht in 2 Schalen anrichten. Nach Wunsch mit Trockenfrüchten, frischer Ananas oder Sesamsamen garnieren.

Ein Alltagsgericht aus dem Libanon

Des Derwischs Rosenbeet

Für 2 Personen
⊘ 30 Min. + 40 Min. Backzeit

1 kleiner Hokkaido-Kürbis • 225 g Kartoffeln • 1 Aubergine (ca. 150 g) • 300 g Tomaten • 200 g Seitan • 2 Zwiebeln • 1–2 EL Pflanzenöl • 1–2 Msp. Nelken, gemahlen • 1–2 Msp. Muskat, gemahlen • ca. ½ TL Salz • ca. 300 ml Gemüsebrühe
Für das Topping
40 g Mandeln • 20 g Sonnenblumenkerne • 4 EL Hefeflocken • ¼ TL Salz • ca. 100 ml Wasser

● Den Backofen auf 180 °C Ober-/Unterhitze rechtzeitig vorheizen.

● Den Kürbis waschen, halbieren, die Kerne mit einem Löffel herausschaben und das Fruchtfleisch samt Schale in Würfel schneiden. Sie benötigen davon etwa 225 g. Kartoffeln waschen, schälen und würfeln. Aubergine waschen und würfeln. Tomaten häuten und in Würfel schneiden. Seitan in sehr feine Streifen schneiden. Zwiebel schälen und je nach Größe entweder halbieren oder vierteln.

● Öl in einer Pfanne erhitzen und den Seitan etwa 5 Min. unter Wenden anbraten. Mit Salz, Nelken und Muskat würzen.

● Das Gemüse in eine gefettete Auflaufform schichten, die Seitanwürfel darauf verteilen und die Gemüsebrühe darübergießen.

● Für das Topping alle Zutaten in einem hochleistungsfähigen Mixer zu einer dickflüssigen Masse verrühren, esslöffelweise über dem Auflauf verteilen und etwa 40 Min. backen.

❯❯ Arabisches Reisgericht mit Früchten

Asien

Auf diese kleine Reise nach Fernost freue ich mich besonders: viel knackiges Gemüse, abgerundet mit aromatischen Gewürzen, mal fruchtig-scharf, mal süß-sauer – und jedes Mal lecker ...

Dieses chinesische Gericht gelingt leicht

Austernpilze mit Ingwer und Basmati-Reis

Für 2 Personen
⊘ 30 Min.

120 g Basmati-Reis • 300 g Austernpilze • 100 g Karotten • 3 Schalotten • 1 Knoblauchzehe • 20 g Ingwer • 1 kleines Bund Schnittlauch • 3 EL Sesamöl • 1 EL Dattelsirup (Seite 13) oder Vollrohrzucker • 1 EL Sherry-Essig • 3 EL Tamari (Sojasauce) • 125 ml Wasser • 1 TL Speisestärke • 2 EL kaltes Wasser • Salz • schwarzer Pfeffer

● Reis in einem Sieb waschen und gemäß Packungsanleitung garen.

● Austernpilze mit Küchenkrepp reinigen und in mundgerechte Stücke schneiden. Karotten waschen, längs halbieren und in dünne Scheiben schneiden. Schalotten schälen und in feine Ringe schneiden. Knoblauch und Ingwer schälen und fein hacken. Schnittlauch waschen und in feine Röllchen schneiden.

● 2 EL Öl im Wok erhitzen. Die Karotten darin etwa 4 Min. unter Wenden anbraten. Austernpilze, Schalotten, Knoblauch, Ingwer und 1 EL Öl hinzufügen und unter Wenden weiterbraten, bis die Pilze eine leichte Bräune haben. Sirup oder Zucker, Essig, Tamari und 125 ml Wasser hinzufügen. Speisestärke mit 2 EL Wasser anrühren und in die Sauce rühren. Unter Rühren aufkochen lassen und mit Salz und Pfeffer abschmecken.

● Den Reis mit der Sauce auf Tellern anrichten und mit Schnittlauch bestreut servieren.

◄ Austernpilze mit Ingwer und Basmati-Reis

Ein raffiniertes Rezept aus China

Curryreis mit Walnüssen und Wirsing

Für 2 Personen
⊘ 35 Min.

120 g Basmati-Reis • Salz • 75 g Rosinen • 50 g Walnüsse oder Mandeln • 300 g Wirsing • 1–2 Schalotten • 1 Knoblauchzehe • 2 Scheiben Ingwer • 2 EL Sesamöl • 1½ TL Currypulver • 1 gestrichener TL Kurkuma • schwarzer Pfeffer • 1 EL Zitronensaft • 125 g Sojajoghurt

● Reis nach Packungsanleitung in Salzwasser garen.

● Rosinen in lauwarmem Wasser 15 Min. einweichen. Walnüsse grob hacken. Wirsing in feine Streifen schneiden, waschen und abtropfen lassen. Schalotte, Knoblauch und Ingwer schälen und fein hacken.

● Zuerst den Wok und dann 1 EL Öl darin erhitzen. Die Walnüsse unter Rühren etwa 1 Min. anrösten. Wirsing hinzufügen und etwa 5 Min. unter Wenden mitbraten. Alles aus dem Wok nehmen und beiseitestellen.

● Das restliche Öl erhitzen. Schalotten, Knoblauch und Ingwer darin 2 Min. braten. Mit Curry und Kurkuma bestäuben und etwa 1 Min. anschwitzen. Rosinen und Reis unterheben und etwa 3 Min. unter Rühren mitbraten. Zum Schluss den Wirsing zugeben und unter Rühren erhitzen. Mit Salz, Pfeffer und Zitronensaft abschmecken. Den Sojajoghurt unterheben, erwärmen und heiß servieren.

Ein leckeres Alltagsgericht aus Korea

Knusprige Süßkartoffel-Zucchini-Bratlinge

Für 2 Personen
⊘ 50 Min.

Für die Gemüse-Bratlinge
- 300 g Bio-Süßkartoffeln
- 250 g Zucchini
- 1 EL Speisestärke
- 3–4 EL kaltes Wasser
- ½ Knoblauchzehe
- ½–1 TL Salz
- schwarzer Pfeffer

- ½ TL Paprika, edelsüß
- 1 Msp. Cayennepfeffer
- 1–2 TL Zitronensaft
- 200 g Mehl
- 200 ml Wasser
- Kokosöl zum Ausbacken

Für den Dip
- 2 EL Tahin

- 7 EL Wasser
- 4 EL Tamari (Sojasauce)
- 1 EL Weißweinessig
- 1 TL Zitronensaft
- 1 kleine Schalotte (optional)
- ½ Bund Schnittlauch

● Für den Dip Tahin in einer Schüssel mit dem Wasser glatt und cremig rühren. Tamari, Weißweinessig und Zitronensaft unterrühren. Die Schalotte schälen und fein hacken. Schnittlauch waschen und in feine Röllchen schneiden. Schalotte und Schnittlauch unter den Dip mischen und etwas durchziehen lassen.

● Süßkartoffeln und Zucchini ungeschält gründlich waschen, abtrocknen und längs in etwa ½ cm dicke Scheiben schneiden.

● Für die Panade die Speisestärke mit dem Wasser klümpchenfrei verrühren. Knoblauch schälen und feinhacken. Die angerührte Speisestärke mit Knoblauch, Salz, Pfeffer, Paprika, Cayennepfeffer und Zitronensaft verrühren. Mehl und Wasser mit dem Schneebesen nach und nach unterrühren.

● Öl in einer beschichteten Pfanne erhitzen. Die Gemüsescheiben und die Panade neben der Pfanne platzieren. Die Gemüsescheiben von beiden Seiten durch die Panade ziehen und direkt in die Pfanne geben. Von beiden Seiten bei mittlerer Hitze goldbraun anbraten, damit die Süßkartoffeln gar sind, aber noch Biss haben. Die Panademenge ist großzügig bemessen, sodass Sie in der Pfanne vor dem Wenden der Scheiben etwas Panade teelöffelweise auf die Gemüsescheiben geben können. Die fertigen Gemüsescheiben im Backofen bei 80 °C warm halten, bis alle gebacken sind.

● Die knusprig gebratenen Gemüsescheiben auf 2 Tellern anrichten und den Dip in kleinen Schälchen dazu reichen.

Asien 109

Milchsauer vergorenes Gemüse stärkt das Immunsystem

Kimchi à la Gabriele Lendle

Für 1 Einmachglas à 1,5 Liter
⊘ 1 Stunde + etwa 16 Tage Ruhe- und Gärzeit

- ca. 1 kg Chinakohl
- 80–100 g Meersalz
- 5 Frühlingszwiebel
- 2 Knoblauchzehen (optional)
- 20 g Ingwer
- 1 rote Peperoni

- 1 Karotte
- 1 Apfel oder Birne
- 100 g Zucchini
- 1 gelbe Paprika
- 1 rote Paprika

- 1 geh. EL Vollrohrzucker
  (unbedingt notwendig für den
  Gärprozess!)
- 1 Msp. Cayennepfeffer
- 1 Wein- oder Wirsingblatt

● Die Blätter vom Chinakohl lösen, waschen, trocken tupfen und in Streifen schneiden. In eine ausreichend große Schüssel eine Lage Kohl geben, mit Salz bestreuen, eine Lage Kohl darüberlegen und salzen. So fortfahren, bis der Kohl aufgebraucht ist. Die letzte Lage Kohl mit Salz bestreuen. Einen ausreichend großen Teller umgedreht auf die Schicht pressen. Falls der Teller die Schüssel nicht vollständig verschließt, alles mit Frischhaltefolie bedecken und mit schweren Konservengläsernbeschweren. 2–3 Tage an einem kühlen, dunklen Ort bei 13–17 °C ruhen lassen.

● Danach den eingelegten Kohl unter fließendem kalten Wasser gründlich spülen und die Kohlstreifen vorsichtig ausdrücken, damit überschüssiges Wasser entfernt wird.

● Frühlingszwiebeln waschen und in Ringe schneiden. Knoblauch und Ingwer schälen und fein hacken. Peperoni waschen und in feine Ringe schneiden. Karotte und Birne (oder Apfel) waschen und in kleine Würfel oder feine Scheiben schneiden. Zucchini waschen und in hauchdünne Scheiben schneiden. Paprika waschen und in kleine Würfel schneiden, dabei

das Kerngehäuse entfernen. Den Kohl mit allen Zutaten in einer Schüssel gut vermischen, mit Vollrohrzucker und Cayennepfeffer würzen.

● Das Kimchi in ein steriles Weck- oder Einmachglas füllen. Bitte darauf achten, dass das Glas nur zu ¾ gefüllt wird. Das Gemüse kräftig in das Glas drücken, dabei tritt wieder Wasser aus, das Sie bitte nicht abgießen. Das Wasser sollte das Gemüse knapp bedecken. Das Gemüse mit dem Wein- oder Wirsingblatt bedecken. Das Glas luftdicht verschließen und mit einem Geschirrtuch bedeckt lichtgeschützt bei Zimmertemperatur 2 Wochen gären lassen. Anschließend im Kühlschrank aufbewahren und nach dem Öffnen zügig verbrauchen.

Tipp Kimchi kann als Salat gegessen werden, schmeckt aber auch lecker zu Pellkartoffeln.

Asien

Feuriger Seitan mit Reis
Koreanischer Bulgogi

Für 2 Personen
⊘ 25 Min. + mindestens 3 Stunden Marinierzeit

Für die Marinade
1 EL Sesamsamen • 1 große Knoblauchzehe •
1 EL Dattesirup oder 1 TL Vollrohrzucker • 1 Prise
Salz • 2 Frühlingszwiebeln • 2 EL Tamari (Sojasauce) • 1 EL Wasser • 2 EL Mirin (Reiswein) • 1 EL
Sesamöl • 1 TL Sambal Oelek
Sonstige Zutaten
200 g Seitan • 130 g Reis • 1–2 EL Sesamöl

● Sesamsamen in einer Pfanne ohne Fett kurz
anrösten. Knoblauch schälen, fein hacken und
im Mörser mit Dattelsirup und Salz zu einer
feinen Paste verarbeiten. Frühlingszwiebeln
waschen und in sehr dünne Ringe schneiden.
Sesam, Paste und Frühlingszwiebeln mit den
übrigen Marinadezutaten verrühren.

● Den Seitan in großflächige, aber dünne Scheiben schneiden und in die Marinade legen. Zugedeckt im Kühlschrank mindestens 3 Stunden
ziehen lassen, ab und zu wenden.

● Den Reis gemäß der Packungsanleitung
garen.

● Die Seitanscheiben aus der Marinade
nehmen, Marinade aufheben. In einer Pfanne
das Öl erhitzen und die Seitanscheiben darin
von beiden Seiten in etwa 2–3 Min. goldbraun
anbraten.

● Die restliche Marinade unter den fertig
gegarten Reis mischen und zusammen mit dem
gebratenen Seitan servieren.

Eine idelae Vorspeise zu Sushi
Japanische Miso-Suppe

Für 2 Personen
⊘ 30 Min.

30 g Miso-Paste (fermentierte Sojabohnenpas-
te) • 1 EL Genmai Su (Reisessig) • 750 ml Wasser •
1 kleine Aubergine • 130 g feines Blattgemüse
(z. B. Mangold, Pak-Choy, Spinat) • 80 g frische
Champignons • 2 Frühlingszwiebeln • 2 EL Pflanzenöl • 150 g Faden-Reisnudeln

● Misopaste mit Reisessig und Wasser in einem
Topf zum Kochen bringen und bei kleiner Hitze
zugedeckt leise köcheln lassen.

● Aubergine waschen und in dünne mundgerechte Scheiben schneiden. Blattgemüse waschen und grob hacken. Pilze mit Küchenkrepp
reinigen und in feine Scheiben schneiden.
Frühlingszwiebeln waschen und in dünne Ringe
schneiden.

● Öl in einer Pfanne erhitzen und die Auberginenscheiben darin von beiden Seiten anbraten,
bis sie eine schöne Bräune haben.

● Blattgemüse und Pilze zur Suppe geben und
3 Min. leise mitkochen lassen.

● Herd ausschalten, Fadennudeln zur Suppe geben und 5 Min. zugedeckt ziehen lassen (bitte
Packungsanleitung beachten).

● Suppe mit Genmai Su und Salz noch mal
abschmecken, in Schalen füllen und mit Auberginenscheiben und Frühlingszwiebeln bestreut
servieren.

Asien

Mit zweierlei Saucen und Meeresgemüse
Japanisches Kohl-»Omelett«

Für 2 Personen
⏱ 40 Min.

- 2 EL Meeresgemüse (Algenmischung, z. B. von Fa. Arche)
- 200 g Chinakohl
- 50 g Shitake-Pilze
- 4 Frühlingszwiebeln
- 75 g Buchweizenmehl
- 1 EL Mirin (japanischer Reiswein)
- 1 TL Salz
- 1 TL Johannisbrotkernmehl

- ca. 8 EL Mineralwasser mit Kohlensäure
- 2 EL Kokosöl zum Ausbacken
- 1 EL Sesam

Für die Wasabi-Sauce
- 30 g Cashewkerne
- 50 ml Wasser
- ¼–½ TL Johannisbrotkernmehl

- 2 TL Wasabi-Paste
- 1 EL Tamari (Sojasauce)

Für die Tomaten-Senf-Sauce
- 3 EL Ketchup
- 2 EL Tamari (Sojasauce)
- 1 TL Dijonsenf
- 1 EL Mirin (Reiswein)

● Meeresgemüse in einem Sieb waschen und 10 Min. in kaltem Wasser einweichen. Anschließend in frischem Wasser 5 Min. garen, absieben und bis zum Gebrauch beiseitestellen.

● Chinakohl in sehr feine Streifen schneiden, in einem Sieb waschen und gut abtropfen lassen. Pilze mit Küchenkrepp reinigen und in kleine Stücke schneiden. Frühlingszwiebeln waschen und in feine Röllchen schneiden. Alles in einer Schüssel mit Buchweizenmehl, Mirin, Salz, Johannisbrotkernmehl und Mineralwasser mischen und etwas ruhen lassen.

● Für die Wasabi-Sauce Cashewkerne mit Wasser im Mixer fein pürieren und mit den übrigen Zutaten verrühren. Eventuell mit etwas Wasser zur gewünschten Konsistenz verlängern.

● Für die Tomaten-Senf Sauce alle Zutaten verrühren.

● 1 EL Kokosfett in einer beschichteten Pfanne erhitzen. Die Chinakohl-Masse in die Pfanne geben und mit einem Pfannenwender platt drücken, bis die ganze Pfanne mit einem etwa 1 cm dicken »Omelett« gefüllt ist. Etwa 5 Min. braten, dann das Omelett auf einen Teller gleiten lassen. Das restliche Kokosfett in der Pfanne erhitzen. Den Teller mit einem zweiten Teller bedecken, umdrehen und das »Omlett« wieder in die Pfanne geben. Mit Sesam bestreuen und etwa 5 Min. braten. Das »Omelett« in 4 Teile schneiden und auf 2 Tellern mit Meeresgemüse und den Saucen dekorativ anrichten.

Tipp Dieses Gericht schmeckt auch ohne Meeresgemüse.

Asien

Asiatische Aromen aus dem heimischen Wok

Lupinenfilet mit Wok-Gemüse

Für 2 Personen
⊘ 60 Min.

- 5 g frischer Ingwer
- 1 Knoblauchzehe
- 1 Schalotte
- 1 rote Peperoni
- 1 Bio-Orange
- 4 EL Tamari
- 4 EL Genmai-Su (japanischer Reisessig)

- 1 EL Dattelsirup (Seite 13) oder 1 TL Vollrohrzucker
- 60 ml Wasser
- ¼ TL schwarzer Pfeffer
- 1 EL Pflanzenöl
- 200 g Lupinenfilet (ersatzweise Seitan)
- 130 g Tasse Duftreis (Jasminreis)

- ½ Blumenkohl (ca. 300 g Blumenkohlröschen)
- ½ kleine Zucchini
- 1 Karotte
- ca. 120 ml Wasser
- 1 EL Speisestärke
- 2 EL Wasser
- 2 EL Sesamsamen

● Für die Marinade den Ingwer schälen und fein reiben oder hacken. Knoblauch und Schalotte schälen und fein hacken. Peperoni waschen und in Ringe schneiden. Orange waschen und die Schale abreiben. Sie brauchen davon 1 TL. Die Orange halbieren und auspressen. Sie brauchen 4 EL Saft. Alles zusammen in einer Schüssel mit Tamari, Genmai-Su, Dattelsirup, Wasser, Pfeffer und Pflanzenöl gut vermischen. Das Lupinenfilet in mundgerechte Stücke schneiden und in der Marinade 25 Min. ziehen lassen, dabei gelegentlich wenden.

● Den Reis nach Packungsanleitung garen und bei ausgeschalteter Herdplatte zugedeckt warm halten.

● Währenddessen den Blumenkohl von Strunk und Blättern befreien, in kleine Röschen teilen, waschen und in einem Sieb gut abtropfen lassen. Zucchini waschen, längs halbieren und in Scheiben schneiden. Karotte waschen und in dünne Scheiben schneiden.

● Den Wok erhitzen und die Lupinenstücke mit Marinade hineingeben. Etwa 12 Min. unter gelegentlichem Wenden bei mäßiger Hitze leise köcheln lassen. Gemüse und Wasser hinzufügen und unter gelegentlichem Wenden weitere 10 Min. andünsten. Wenn das Gemüse weich, aber noch bissfest ist, die Speisestärke mit 2–3 EL kaltem Wasser klümpchenfrei anrühren und nach und nach unter Rühren in den Wok geben. Auf kleiner Hitze noch kurz köcheln lassen, bis die Flüssigkeit eingedickt ist.

● In einer Pfanne ohne Fett die Sesamsamen anrösten.

● Das Lupinen-Gemüse auf 2 Tellern mit Reis anrichten und mit den Sesamsamen bestreut servieren.

Variante Dieses Gericht können Sie mit beliebigem Gemüse zubereiten.

Ein japanisches Festessen – nicht nur für besondere Anlässe!

Dreierlei Sushi

Für 40 Stück, für etwa 4–6 Personen
⊘ 2–2½ Stunden

Für den Sushi-Reis
- 500 g Sushi-Reis (Uruchi-Reis)
- 3 kleine Streifen Kombu-Alge (optional)
- 625 ml Wasser
- 10 EL Genmai Su
- 4 TL Reismalz (ersatzweise Zucker)
- 3½ TL Meersalz

Für den Sushi-Füllungen
- Fülle 1: 1 reife Avocado, 1 Limette, 3 Frühlingszwiebeln
- Fülle 2: 1 Stück Hokkaido-Kürbis, 1–2 Msp. Reismalz, 3–4 Datteln ohne Stein,
- Fülle 3: 1 kleine Salatgurke, 1–2 EL Sesam, Wasabi

Für die Dips
- 1 Tube Wasabi
- Tamari (Sojasauce)
- 100 g eingelegter Ingwer

Sonstiges
- 7–10 Nori-Blätter
- 1 Sushi-Bambus-Matte
- 1 Glas Wasser mit 2–3 EL Genmai Su

● Den Sushi-Reis (bitte Packungsanleitung beachten) so lange kalt waschen, bis das Wasser klar ist. Abtropfen lassen, mit frischem Wasser und Kombu-Streifen unter Rühren aufkochen und 10 Min. zugedeckt leise köcheln lassen, ohne umzurühren. Wenn alle Flüssigkeit aufgesogen ist, von der Kochplatte nehmen und 10 Min. ausquellen lassen, Kombu entfernen. Aus Genmai Su, Reismalz und Salz eine Sauce anrühren, bis sich das Reismalz vollständig aufgelöst hat. Die Sauce nach und nach unter den Reis mischen, dabei den Reis eher schneiden als rühren. Abkühlen lassen.

● Avocado halbieren, Kern entfernen, Fruchtfleisch mit einem Esslöffel am Stück herauslösen und in möglichst lange Streifen schneiden. Limette halbieren, eine Hälfte zu Saft pressen und die Avocadostreifen damit beträufeln. Die andere Hälfte in dünne Scheiben und anschließend in feine Streifen schneiden. Frühlingszwiebeln waschen und längs in lange Streifen schneiden, entsprechend der Breite der Nori-Blätter. Hokkaido-Kürbis klein würfeln und in einem

Topf mit Wasser und 1–2 Msp. Reismalz in etwa 5–10 Min. weich garen, abseihen und abtropfen lassen. Datteln in lange dünne Streifen schneiden. Salatgurke waschen und längs in feine Streifen schneiden.

● Ein Glas Wasser mit 2–3 EL Genmai Su bereitstellen. Ein Noriblatt auf die Bambusmatte legen und gleichmäßig etwa 5–7 mm hoch mit Reis bestreichen, am besten mit der Rückseite eines Esslöffels, den Sie immer wieder in die Wasser-Genmai-Su-Mischung tauchen. Bitte darauf achten, dass Sie am unteren und oberen Rand etwa 1,5–2 cm des Noriblattes freilassen, es dafür aber rechts und links bis zum Rand gleichmäßig mit Reis bestreichen.

● Die Füllungen jeweils in einem etwa 2 cm langen Streifen von links nach rechts in die Mitte des Reises legen. Bei Fülle Nr. 3 einen langen Streifen Wasabi-Paste über die Gurkenstreifen geben. Dann mithilfe der Bambusmatte die Sushi von unten nach oben gleichmäßig und fest aufrollen. Die Sushi-Rolle in der Bambusmatte

in die Hand nehmen und rechts und links mit einem Teelöffel eventuell ausgedrückten Reis gleichmäßig flachdrücken. Nun die Bambusmatte entfernen, die Sushi-Rolle auf einem Brett mit einem scharfen Messer, das Sie vorher in die Wasser-Genmai Su-Mischung tauchen, in etwa 2 cm breite Sushi schneiden und dekorativ anrichten.

● Die Sushi mit kleinen Schälchen Tamari-Sojasauce, Wasabi und eingelegtem Ingwer zum Dippen servieren.

Asien

Eine köstliche Suppe aus Thailand

Süßkartoffelsuppe mit Kokosmilch und Seitan

Für 2 Personen als Hauptgericht oder 4 Personen als Vorspeise
⊘ 40 Min.

- 350 g Süßkartoffeln
- Salz
- 1 große rote Zwiebel
- 1–2 Knoblauchzehen
- 20 g Ingwer
- 1–2 Peperoni

- 1 kleine Bio-Limette
- 4 EL Pflanzenöl
- 600 ml Gemüsebrühe
- 200 ml Kokosmilch
- 150 g Seitan
- ½ Bund frischer Koriander

- 2 Zweige Thai-Basilikum
- 10 Blätter frische Pfefferminze
- 2 EL Tamari
- schwarzer Pfeffer

● Süßkartoffeln waschen, bürsten und in der Schale etwa 25 Min. in Salzwasser weich garen.

● Zwiebel schälen und in halbe Ringe schneiden. Knoblauch und Ingwer schälen und fein hacken. Peperoni waschen und längs in feine Streifen schneiden. Limette waschen und die Schale abreiben, anschließend auspressen.

● 2 EL Öl in einem Topf erhitzen. Jeweils die Hälfte der Zwiebelringe, des Knoblauchs und des Ingwers darin etwa 3 Min. anbraten. Mit der Gemüsebrühe ablöschen und 10 Min. bei geschlossenem Deckel köcheln lassen.

● Die gegarten Süßkartoffeln schälen und in kleine Würfel schneiden. Süßkartoffelwürfel und Kokosmilch zur Suppe geben und noch mal aufkochen lassen. Beiseitestellen und etwas abkühlen lassen. Anschließend im Mixer fein pürieren und zurück in den Topf geben. Suppe warm halten.

● Seitan in kleine Würfel schneiden. Kräuter waschen und fein hacken. Eine kleine Menge Kräuter für die Garnitur beiseitelegen.

● Das restliche Öl im Wok erhitzen. Restliche Zwiebeln, Knoblauch und Ingwer, Peperoni-Streifen, Limettenschale und Seitanwürfel unter ständigem Wenden etwa 2 Min. anbraten. Tamari, Limettensaft und die Kräuter unterrühren und den Wok vom Herd nehmen.

● Die Suppe in Schalen füllen, Seitan-Mischung in die Mitte geben und mit den restlichen Kräutern bestreut heiß servieren.

Asien 117

Salzig – sauer – scharf
Thailändischer Pilze-Salat

Für 2 Personen als Vorspeise oder kleine Mahlzeit
⊘ 20 Min.

250 g gemischte frische Pilze • 80 ml Gemüsebrühe • 1 getrocknete Chilischote • 1 Limette •
4 Schalotten • 1 Zweig frische Pfefferminze •
½ Bund frischer Koriander • 2 Frühlingszwiebeln •
3 EL Tamari

● Pilze mit Küchenkrepp reinigen und in Scheiben schneiden. Brühe in der Pfanne erhitzen.
Pilze zufügen, unter Rühren etwa 5 Min. dünsten, dann beiseitestellen.

● Die Chilischote in einer separaten Pfanne
ohne Fett rösten. Der Länge nach vierteln und
bei Bedarf die Kerne entfernen, da sie sehr
scharf sind. Anschließend die Chilischote fein
hacken. Die Limette auspressen. Sie brauchen
3–4 EL Saft. Schalotten schälen und in Ringe
schneiden. Pfefferminze und Koriander waschen und fein hacken. Frühlingszwiebeln
waschen und in Röllchen schneiden.

● Limettensaft, Tamari und Chili unter die Pilze
mischen. Anschließend Limettensaft, Schalotten, Kräuter und Frühlingszwiebeln unterrühren und servieren.

Pikante Thai-Küche
Seitan mit grünen Bohnen und Peperoni

Für 2 Personen
⊘ 30 Min.

120 g Basmati-Reis • 200 g Seitan • 250 g frische
grüne Bohnen • 1–2 rote Peperoni • 1–2 Knoblauchzehen • 1 Zwiebel • ½ Bund Thai-Basilikum •
2 EL Sesamöl • 2 EL Vegetarian Mushroom Sauce
(veganer Ersatz für Austernsauce) • 2–3 EL Tamari
(Sojasauce) • 1 TL Dattelsirup (Seite 13) oder
Vollrohrzucker

● Basmatireis gemäß Packungsanleitung garen.

● Seitan in mundgerechte Stücke oder Streifen schneiden. Bohnen waschen, die Enden
entfernen und in mundgerechte Stücke schneiden. Peperoni grob hacken. Knoblauch schälen,
fein hacken und zusammen mit den Peperoni
im Mörser fein zerstoßen. Zwiebel schälen und
in halbe Ringe schneiden. Vom Basilikum die
Blätter zupfen, waschen, trocken tupfen und
mit den Händen grob zerkleinern.

● Öl im Wok erhitzen und die Knoblauch-Pepe-
roni-Mischung darin kurz anbraten. Seitanstü-
cke hinzufügen und unter Rühren etwa 3 Min.
braten. Mushroom-Sauce, Tamari und Dattelsirup oder Zucker unterrühren. Anschließend die
Bohnen und die Zwiebelringe etwa 5 Min. unter
ständigem Wenden mitbraten.

● Die Seitan-Bohnen-Mischung auf den Reis
geben und mit Basilikum bestreut servieren.

Exotisch im Geschmack – wie in Thailand

Seitan mit rotem Curry und Kaffirblättern

Für 2 Personen
⊘ 30 Min.

100 g Reis • 200 g Seitan • 1 kleine Zwiebel •
1 Knoblauchzehe • 1 rote Peperoni • ½ rote Paprikaschote • 3–4 Kaffir-Limettenblätter (Asialaden) • 2 Champignons • ½ Bund frischer Koriander • 2 EL Sesamöl • 2 EL Tamari (Sojasauce) •
100 ml Kokosmilch • 2 TL rote Currypaste

● Den Reis gemäß Packungsanleitung garen und bis zum Gebrauch warm halten.

● Seitan in mundgerechte Stücke schneiden. Zwiebel schälen und in halbe Ringe schneiden. Knoblauch schälen und fein hacken. Peperoni waschen und in feine Ringe schneiden. Paprika waschen, entkernen und in feine Streifen schneiden. Kaffir-Limettenblätter waschen und sehr fein hacken. Champignons mit einem Küchenkrepp reinigen und in feine Scheiben schneiden. Koriander waschen, trocknen und fein hacken.

● Zuerst den Wok und darin dann das Öl erhitzen. Zwiebel, Knoblauch und Peperoni kurz anschwitzen, Seitan-Stücke hinzufügen und etwa 5 Min. anbraten. Mit Tamari ablösen. Kokosmilch, Currypaste, Kaffir-Limettenblätter hinzufügen, umrühren und kurz köcheln lassen. Paprika und Champignons hinzufügen und 1 weitere Min. köcheln lassen. Mit Salz abschmecken.

● Das Gericht mit Reis und Koriander bestreut servieren.

Schmeckt am besten mit frischem Mais

Philippinische Maissuppe mit frischen Pilzen

Für 2 Personen
⊘ 45 Min.

3 frische Maiskolben (oder ca. 375 g Maiskörner) •
200 g frische Pilze (Shitake, Austernpilze oder Champignons) • 1–2 Knoblauchzehen • 1 Zwiebel •
1–2 EL Pflanzenöl • Salz • schwarzer Pfeffer • 2 EL Vegetarian Mushroom Sauce (Asialaden, veganer Ersatz für Austernsauce) • 500–600 ml Gemüsebrühe • 5 frische Mangoldblätter

● Blätter und Fäden der Maiskolben entfernen, die Kolben waschen und die Maiskörner mit einem scharfen Messer vorsichtig abschneiden. Pilze mit Küchenkrepp reinigen und in kleine Stücke schneiden. Knoblauch und Zwiebel schälen und fein hacken.

● Öl in einem Topf erhitzen. Knoblauch und Zwiebel darin etwa 2–3 Min. anbraten. Mais hinzufügen, mit Salz, Pfeffer und Vegetarian Mushroom Sauce würzen. Die Hitze reduzieren und bei geschlossenem Deckel 5 Min. leise köcheln lassen. Gemüsebrühe angießen, Pilze hinzufügen, aufkochen und bei leicht geöffnetem Topf 10 Min. köcheln lassen.

● Die Mangoldblätter waschen, dabei die Stiele entfernen und die Blätter in feine Streifen schneiden. Am Ende der Kochzeit die Mangoldblätter in die Suppe geben. Den Herd ausschalten und die Suppe 5 Min. ziehen lassen. In Suppenschalen anrichten und servieren.

Asien

Eine köstliche, angenehm sättigende Suppe aus Malaysia

Laksa mit veganen Garnelen und Kokosmilch

Für 2 Personen
⊘ 45 Min.

- 1–2 Knoblauchzehen
- etwa 20 g frischer Ingwer
- 1 Bio-Zitrone
- 125 g vegane Garnelen
- 2–3 EL Erdnussöl
- 2 TL Chilipaste

- ½ TL Korianderpulver
- ½ TL Kurkuma
- 1 EL Tamari (Sojasauce)
- 750 ml Gemüsebrühe
- 250 ml Kokosmilch
- 125 g Natur-Tofu

- 125 g Mie-Nudeln ohne Ei
- 80 g Sojabohnen-Sprossen
- 75 g Salatgurke
- 1–2 Frühlingszwiebeln
- ½ Bund frischer Koriander
- ½ Limette

● Knoblauch und Ingwer schälen und fein hacken. Zitrone waschen, 1 TL Schale abreiben und auspressen (Sie benötigen etwa 30 ml Saft). Die veganen Garnelen in mundgerechte Stücke schneiden.

● Etwas Öl in einer Pfanne erhitzen und die Garnelen darin rundherum anbraten, bis sie eine leichte Bräune haben. Chilipaste, Knoblauch, Ingwer, Koriander, Kurkuma und geriebene Zitronenschale hinzufügen und unter Rühren 3 Min. anbraten, bis alle Gewürze ihr Aroma entfalten. Zitronensaft, Tamari, Gemüsebrühe und Kokosmilch dazugeben, zum Kochen bringen, anschließend die Hitze reduzieren und zugedeckt etwa 15 Min. leise köcheln lassen.

● In der Zwischenzeit den Tofu in Würfel schneiden. Das restliche Öl in einer Pfanne erhitzen und die Tofuwürfel rundherum anbraten, bis sie bräunlich und knusprig sind.

● Nudeln in Salzwasser nach Packungsanleitung garen und abseihen.

● Sojabohnen-Sprossen in einem Sieb heiß waschen und abtropfen lassen. Das Gurkenstück waschen, der Länge nach vierteln und in Scheiben schneiden. Frühlingszwiebeln waschen und in feine Röllchen schneiden. Koriander waschen und fein hacken. Limette in Spalten schneiden.

● Die Nudeln in Suppenschüsseln geben, mit Suppe auffüllen. Mit Tofuwürfeln, Sprossen, Gurkenscheiben und Frühlingszwiebeln belegen und mit dem Koriandergrün bestreut sofort servieren. Die Limetten-Spalten dazu reichen.

Tipp Achten Sie bei der Currypaste darauf, dass sie vegan ist. Oft sind hier getrocknete Shrimps enthalten.

Asien 121

So gut schmeckt Tofu in Vietnam!
Marinierter Tofu mit Zitronengras

Für 2 Personen
⊘ 35 Min. + mindestens 30 Min. Marinierzeit

- 300 g fester Natur-Tofu
- 2 Stängel Zitronengras
- 1–2 Peperoni
- ½ TL Kurkuma
- 1 TL Dattelsirup (Seite 13) oder Vollrohrzucker

- ½ TL Salz
- 2 EL Tamari (Sojasauce)
- 1 EL Sesamöl
- 30 g ungesalzene Erdnüsse
- 2–3 Frühlingszwiebeln
- 1 kleine Zwiebel

- 1 Knoblauchzehe
- 10 Blätter Thai-Basilikum (Asialaden)
- ca. 3 EL Sesamöl

● Tofu abtropfen lassen. Je nach Größe der Länge nach halbieren und in 6 gleich große Scheiben schneiden.

● Für die Marinade das Zitronengras waschen, den Ansatz entfernen und nur etwa 5–7 cm der hellgrünen Stängel verwenden. Diese jeweils in hauchdünne Scheiben schneiden. Peperoni waschen und fein hacken, dabei die Kerne eventuell entfernen, sie sind scharf. Zitronengras und Peperoni in einer flachen Schüssel mit Kurkuma, Dattelsirup, Salz, Tamari und Sesamöl mischen. Die Tofuscheiben darin vorsichtig wenden. Die Tofuscheiben in der Marinade im Kühlschrank mindestens 30 Min. ruhen lassen.

● Erdnüsse in einer Pfanne ohne Fett rösten, bis sie zu duften beginnen. Anschließend herausnehmen und abkühlen lassen. Frühlingszwiebeln waschen und in etwa 1 cm lange Stücke schneiden. Zwiebel und Knoblauch schälen und fein hacken. Thai-Basilikum waschen, trocknen und in feine Streifen schneiden.

● Etwa 1 EL Öl in der Pfanne erhitzen. Frühlingszwiebeln, Zwiebel und Knoblauch darin bei mittlerer Hitze etwa 4 Min. anbraten und aus der Pfanne nehmen. Die Tofuscheiben aus der Marinade nehmen und in etwa 2 EL Öl in der Pfanne von beiden Seiten goldbraun anbraten. Das Zwiebel-Knoblauch-Gemisch, die Erdnüsse, die Basilikum-Streifen und die Marinade in die Pfanne geben und noch etwa 2 Min. erhitzen.

● Das Gericht auf 2 Tellern dekorativ anrichten und servieren.

Tipp Thai-Basilikum ist geschmacklich mit dem europäischen Basilikum nicht vergleichbar. Zu kaufen gibt es es meist nur in Asialäden. Sie können Thai-Basilikum aber im Topf auch selbst ziehen.

Asien

Essen wie in Indonesien

Maispuffer mit fein gewürztem Tempeh in Kokosmilch

Für 2 Personen
⊘ 55 Min.

Für den Tempeh
• 200 g Tempeh
• 3 Macadamianüsse
• 1 kleine Zwiebel
• 1 Knoblauchzehe
• ½ TL Koriander, gemahlen
• ¼ TL Kreuzkümmel, gemahlen
• ¼ TL Salz
• 1 Lorbeerblatt
• 150 ml Kokosmilch

Für die Maispuffer
• 3 frische Maiskolben (max. 400 g Maiskörner netto)
• 15–20 g Galgant (ersatzweise Ingwer)
• 1 Zwiebel
• 1 Stangensellerie
• 1 Limette
• 50 g Dinkelmehl
• 50 g Reismehl
• 1 EL Johannisbrotkernmehl
• ¼ TL Weinstein-Backpulver
• 1 TL Koriander, gemahlen
• ½ TL Kreuzkümmel
• 1 TL Salz
• ca. 80 ml Wasser
• ca. 80 ml Kokosöl zum Ausbacken

Zum Garnieren
• 3 Zweige frischer Koriander
• Sambal Oelek

● Tempeh in 1 cm dicke Scheiben schneiden und zu Halbmonden halbieren. Macadamianüsse mit dem Mörser fein zermahlen. Zwiebel und Knoblauch schälen und fein hacken. Zusammen mit Koriander, Kreuzkümmel und Salz in das Schälchen zu den Nüssen geben und mit dem Mörser zu einer Paste verarbeiten.

● Den Tempeh zusammen mit der Paste, dem Lorbeerblatt und der Kokosmilch in einen Topf geben und bei mittlerer Hitze ohne Deckel auf etwa ⅓ einkochen lassen. Anschließend auf der ausgeschalteten Herdplatte zugedeckt warm halten, bis die Maispuffer fertig sind.

● Von den Maiskolben die Blätter und Fäden entfernen. Die Kolben waschen und mit einem scharfen Messer die Maiskörner abschneiden. Die Maiskörner in eine große Schüssel geben.

● Galgant und Zwiebel schälen und fein hacken. Sellerie waschen, in feine Ringe schneiden und anschließend fein hacken. Limette auspressen. Alles zusammen mit Dinkelmehl, Reismehl, Johannisbrotkernmehl, Backpulver, Koriander, Kreuzkümmel, Salz und Wasser zu den Maiskörnern geben und gut vermischen.

● Reichlich Öl in einer beschichteten Pfanne erhitzen, die Maismischung esslöffelweise in die Pfanne geben und mit der Löffelrückseite etwas platt drücken. Nach etwa 3 Min. vorsichtig wenden und von der anderen Seite ebenfalls 3 Min. goldbraun braten. Warm halten, während Sie die restlichen Puffer ausbacken.

● Den Koriander waschen und fein hacken. Die fertigen Maispuffer zusammen mit dem Tempeh auf 2 Tellern anrichten, mit Koriander bestreuen und mit einem Klecks Sambal Oelek servieren.

Asien 123

Gelingt auch ungeübten Köchen

Indonesisches Blumenkohl-Curry

Für 2 Personen
⊘ 35 Min.

3 TL rote Currypaste • 2 EL Wasser • 200 g fester Natur-Tofu • 1 kleiner Blumenkohl • 100 g frische Erbsen (Gewicht ohne Hülsen) oder aus dem Glas • 2 EL Kokosöl • 75 g Walnusskerne • 2 EL Currypulver • 200 ml Kokosmilch • Salz • schwarzer Pfeffer • ½ Bund Koriander

● Currypaste mit dem Wasser verrühren. Tofu in Würfel schneiden und in der Currypaste marinieren.

● Blumenkohl waschen und die Röschen vom Strunk schneiden. Je nach Größe teilen. Erbsen abseihen und abtropfen lassen.

● Zuerst den Wok und darin 1 EL Kokosöl erhitzen. Blumenkohl und Walnüsse etwa 6 Min. unter Wenden anbraten. Mit Curry bestäuben, mit Kokosmilch ablöschen und aufkochen lassen. Erbsen hinzufügen und weitere 5 Min. leise köcheln lassen.

● In einer Pfanne das restliche Öl erhitzen und den marinierten Tofu von allen Seiten unter gelegentlichem Wenden knusprig anbraten. Koriander waschen und fein hacken (die feinen Stiele können mitverwendet werden).

● Den Tofu unter das Gemüse mischen und mit Koriander bestreut servieren.

Variante Wenn Sie es etwas fruchtiger mögen, können Sie am Schluss noch ein paar Ananasstücke unterheben.

Typisch indonesisch

Indonesisches Mie Goreng

Für 2 Personen
⊘ 30 Min.

200 g Mie-Nudeln (ohne Ei) • Meersalz • 200 g Lupinenfilet (ersatzweise Seitan) • 300 g bunter Mangold • 1 Zwiebel • 1 Knoblauch • 2 Tomaten • 3 EL Erdnussöl • 1–2 TL Sambal Oelek • 1 EL Tamari oder Shoyu (Sojasauce) • 1 EL Mirin • 1 TL Ume Su • 1 TL Dattelsirup (Seite 13) oder Vollrohrzucker • schwarzer Pfeffer

● Die Mie-Nudeln gemäß Packungsanleitung garen, abseihen und abtropfen lassen.

● Das Lupinenfilet in mundgerechte Streifen schneiden. Mangold waschen, die Blätter in etwa 2 cm breite Streifen schneiden, die Stiele in kleine Würfel. Zwiebel und Knoblauch schälen und fein hacken. Tomaten waschen, eventuell häuten und in kleine Würfel schneiden, dabei den Strunk entfernen.

● Zuerst den Wok und darin das Öl erhitzen. Lupinenstreifen und Mangold-Stiele unter Rühren etwa 2 Min. braten. Zwiebel und Knoblauch hinzufügen, etwa 2 Min. unter ständigem Wenden mitbraten, das Sambal Oelek unterheben. Mangoldblätter hinzufügen und etwa 2 Min. unter ständigem Wenden mitbraten, bis sie zusammenfallen. Nudeln und Tomaten untermischen. Mit Tamari, Mirin, Ume Su, Sirup oder Zucker, Salz und Pfeffer abschmecken und servieren.

Indien

Curry und Naan-Brot kennt inzwischen wohl jeder, aber Indien hat noch so viel mehr zu bieten – meiner Meinung nach besteht hier echtes »Meine- neue-Lieblingsküche-Potenzial«!

Indien

In Indien heißt dieses Gericht »Chole mit Bhatura«

Kichererbsen mit frittiertem Brot

Für 2 Personen
⊘ 50 Min.

Für das Brot
- 250 g Weizen- oder Dinkelmehl
- ½ TL Salz
- ¼–½ TL Backpulver
- 90 g Sojajoghurt
- ca. 75 ml lauwarmes Wasser
- Kokosöl für die Fritteuse

Für das Gemüse
- 1 EL getrocknete Granatapfel-
  kerne/-samen
- ½ TL Kreuzkümmel, ganz
- 1 große Zwiebel
- 1 grüne Peperoni
- 1½ cm frischer Ingwer
- 1 große Tomate

- ½ Bund frischer Koriander
- 2 EL Pflanzenöl
- 1 Glas Kichererbsen, fertig
  gegart (240 g Abtropfgewicht)
- 1 EL Zitronensaft
- 1 Prise Chilipulver
- Salz
- ca. 100 ml Wasser

● Mehl, Salz, Backpulver und Sojajoghurt vermischen. Das lauwarme Wasser nach und nach hinzufügen und alles zu einem weichen Teig verkneten. Die Wassermenge ist abhängig von der Mehlsorte. Den Teig in eine Schüssel legen, mit einem Tuch bedecken und etwa 20 Min. ruhen lassen. Das Gemüse zubereiten.

● Nach 20 Min. den Teig auf einer bemehlten Arbeitsfläche zu Kugeln in Zitronengröße formen und zu Kreisen von etwa 10 cm Durchmesser ausrollen. Das Öl in der Fritteuse erhitzen und die Teigkreise nacheinander goldbraun frittieren. Gut abtropfen lassen, mit Küchenkrepp entfetten und warm halten (z. B. im Backofen bei 80 °C Ober-/Unterhitze).

● Für das Gemüse eine Pfanne ohne Fett erhitzen. Granatapfelkerne und Kreuzkümmel darin bei großer Hitze unter ständigem Wenden rösten. Anschließend im Mörser zerstoßen.

● Zwiebel schälen und sehr fein hacken. Peperoni waschen, vom Stielende befreien und längs

halbieren oder vierteln. Ingwer schälen und in dünne Stifte schneiden.

● Tomate waschen und in feine Würfel schneiden, dabei den grünen Strunk entfernen.

● Koriander waschen und fein hacken. Die feinen Stiele können mitverwendet werden.

● Das Öl in einer Pfanne oder im Topf erhitzen. Die Kichererbsen und das Granatapfel-Kreuzkümmelpulver kurz anbraten. Zitronensaft, Chilipulver und etwas Salz unterrühren. Zwiebeln, Peperoni und das Wasser hinzufügen, aufkochen und bei schwacher Hitze etwa 5–10 Min. köcheln lassen. Ingwerstifte und Tomatenwürfel unterrühren und mit Koriander bestreut heiß servieren.

Tipp Wenn Sie noch nicht alle Brote frittiert haben, halten Sie die Kichererbsen bei kleinster Hitze und geschlossenem Deckel so lange warm.

Eine prima Beilage zu vielen Gerichten

Indisches Chapati

Für 2 Personen
⊘ 20 Min.

250 g Weizen- oder Dinkelmehl • ¼ TL Salz • 1 TL Sonnenblumenöl • ca. 125 ml lauwarmes Wasser • Kokosöl zum Ausbacken

● Mehl, Salz, Öl und Wasser zu einem elastischen Teig kneten. Je nach Mehlsorte brauchen Sie mehr oder weniger Wasser. Den Teig 5 Min. gut durchkneten, zu 4 Kugeln formen und mit etwas Mehl bestäuben.

● Auf einer bemehlten Arbeitsfläche die Kugeln flach drücken und zu Kreisen von etwa 10–15 cm Durchmesser auswellen.

● Eine Seite mit Sonnenblumenöl bestreichen.

● Etwas Kokosöl in einer Pfanne erhitzen und die Teigkreise mit der beölten Seite nach unten backen, bis sich an der Oberfläche Blasen bilden. Die Oberfläche mit Öl bestreichen und wenden. Die Ränder bei Bedarf mit dem Pfannenwender nach unten drücken.

● Chapati aus der Pfanne nehmen und in Alufolie oder im Backofen warm halten.

Eine Spezialität aus Nordindien

Gelbe Linsen mit feinen Gewürzen

Für 2 Personen
⊘ 25 Min.

200 g gelbe Linsen • 400 ml Wasser • 1 Zwiebel • 1 Knoblauchzehe • 1 TL fein geschnittener Ingwer • 1–2 frische grüne Peperoni • 1 schwach gehäufter TL Kreuzkümmel (ganze Körner) • ½ Bund frischer Koriander • 1–2 TL Kokosöl • 1 EL Tomatenmark • Salz • ½ TL Kurkuma • ½ TL Garam Masala

● Die Linsen gemäß Packungsanleitung garen. Ab und zu umrühren.

● Zwiebel schälen und in halbe Ringe schneiden. Knoblauch und Ingwer schälen und sehr fein hacken. Peperoni waschen und längs halbieren. Kreuzkümmel im Mörser grob zerstoßen. Frischen Koriander waschen und fein hacken.

● Kokosöl in einer Pfanne erhitzen und den Kreuzkümmel darin anrösten. Zwiebelringe dazugeben und unter ständigem Wenden gut anbraten. Die Hälfte der Zwiebeln aus der Pfanne nehmen und beiseitestellen.

● Tomatenmark, Knoblauch, Ingwer, Peperoni, Salz, Kurkuma und Garam Masala in die Pfanne geben und unter Rühren erhitzen, bis sich alles verbunden hat. Die fertig gegarten Linsen untermischen.

● Das Linsengemüse anrichten, die Zwiebeln und den Koriander darübergeben und heiß servieren.

Indien

Mit dem Aroma von Indiens Märkten

Frische Erbsen mit Tofu und Tomatensauce

Für 2 Personen
⊘ 50 Min.

- 2 Zwiebeln
- 25 g frischer Ingwer
- 1–2 frische scharfe Peperoni
- 3 Tomaten
- 450 g frische Erbsen

- 200 g Natur-Tofu
- 1 Bund frischer Koriander
- ca. 3 EL Kokosöl
- 2 TL Kreuzkümmelsamen, ganz
- 2 EL Koriander, gemahlen

- 1 TL Kurkuma
- 1 TL Salz
- ca. 400 ml Wasser
- 1 TL Garam Masala

● Zwiebel und Ingwer schälen und sehr fein hacken. Peperoni waschen und ebenfalls fein hacken. Tomaten kreuzweise am Strunk einschneiden, in einer Schüssel mit kochendem Wasser überbrühen, kurz ziehen lassen, kalt abschrecken und die Haut abziehen. Anschließend fein würfeln. Erbsen an der Naht der Längsseite aufbrechen und in eine Schüssel geben. Tofu in etwa 1 cm kleine Würfel schneiden. Koriander waschen, trocken tupfen und fein hacken.

● In einer Pfanne 2 EL Kokosöl erhitzen und die Tofu-Würfel darin unter gelegentlichem Wenden knusprig braun braten.

● 1 EL Öl im Wok erhitzen und den Kreuzkümmel bei mittlerer Hitze etwa 15–30 Sekunden anbraten. Zwiebeln hinzufügen und etwa 6 Min. unter gelegentlichem Rühren weiterbraten.

● Gemahlenen Koriander, Kurkuma, Peperoni und Ingwer hinzufügen und weitere 2 Min. braten.

● Tomaten und Salz dazugeben und weitere 5 Min. garen. Wasser und Erbsen hinzufügen, aufkochen, Hitze reduzieren und bei geschlossenem Deckel 5 Min. leise köcheln lassen. Die gebratenen Tofuwürfel hinzufügen, Garam Masala und die Hälfte des gehackten Korianders unterrühren. Bei Bedarf kann die Sauce noch mit etwas Mehl gebunden werden. Mit dem restlichen Koriander bestreut servieren.

Das passt dazu Basmati-Reis

Indien

Indien-Fans lieben Dal
Rote-Linsen-Dal mit Naan-Fladenbrot

Für 2 Personen
⊘ 35 Min. + 45 Min. Gehzeit + 8–10 Min. Backzeit

Für das Naan-Fladenbrot
- 250 g Weizen- oder Dinkel-mehl
- 15 g frische Hefe
- ca. 150 ml lauwarmes Wasser
- 20 ml Sonnenblumenöl + 1–2 EL zum Bestreichen
- 1–2 EL Schwarzkümmel

Für das Linsen-Dal
- 150 g rote Linsen
- 2 Kardamomkapseln
- 1 rote Peperoni
- 1 Zwiebel
- 1 kleines Stück Ingwer
- ½ Bund frischer Koriander
- 1–2 TL Kokosöl

- ca. 270 ml Wasser
- ½ TL Kurkuma
- 1½ TL Kreuzkümmel, gemahlen
- 1–1½ TL Koriander, gemahlen
- ½–1 TL Salz

● Für das Fladenbrot Mehl und Salz in einer Schüssel mischen. Hefe zerbröckeln, in einer anderen Schüssel mit etwas Wasser verrühren und mit dem Öl zum Mehl geben. Zu einem geschmeidigen Teig kneten, dabei das restliche Wasser nach und nach dazugeben. Zugedeckt etwa 45 Min. gehen lassen.

● Den Backofen auf 250 °C in der Grillfunktion vorheizen.

● Für das Dal die Linsen waschen. Die Körner aus den Kardamomkapseln herauslösen. Peperoni fein hacken. Zwiebel schälen und fein würfeln. Ingwer schälen und fein hacken. Koriander waschen und fein hacken.

● Öl in einem Topf erhitzen. Kardamomkörner und Peperoni kurz anbraten, Zwiebelwürfel hinzufügen und 2 Min. mitbraten. Ingwer und Linsen hinzufügen, unter Wenden kurz glasig dünsten und mit Wasser ablöschen. Bei geschlossenem Deckel etwa 15 Min. leise köcheln lassen, bis die Linsen das Wasser aufgesogen haben. Die restlichen Gewürze unterrühren und

zugedeckt auf der ausgeschalteten Herdplatte ziehen lassen, bis das Fladenbrot fertig ist.

● Den Teig für das Naanbrot zu 4 gleich großen Kugeln formen und auf einer bemehlten Arbeitsfläche zu etwa 1 cm dicken Fladen mit etwa 15 cm Durchmesser flach drücken. Die Fladen auf ein gefettetes Backblech legen und 8–10 Min. backen, dabei zwischendurch 2-mal wenden. Nach dem zweiten Wenden mit Sonnenblumenöl bestreichen und mit Schwarzkümmel bestreuen.

● Das Linsen-Dal mit dem Koriander bestreut servieren und das Fladenbrot dazu reichen.

Das passt dazu frischer Gurkensalat

Lecker & alltagstauglich
Curry mit Auberginen, Tamarindenpaste und Kokos

Für 2 Personen
⏱ 40 Min.

- 1 Tasse Basmatireis
- 2 TL Korianderkörner
- 1 TL Kuminkörner
- 3 EL Kokosraspel
- 1–2 Knoblauchzehen
- 1 Stück Ingwer (ca. 15 g)

- 1 Zwiebel
- 1–2 rote Peperoni
- 1 Zitrone
- 1 Aubergine (ca. 300 g)
- 2 EL Kokosöl
- 1 TL Tamarindenpaste

- 5 EL heißes Wasser
- ½ Bund frischer Koriander
- ½–1 TL Kurkuma
- 200 ml Kokosmilch
- 1–2 EL Sesam

● Basmatireis nach Packungsanleitung garen.

● Koriander- und Kuminkörner in einer Pfanne ohne Fett rösten und im Mörser zerstoßen. Anschließend die Kokosraspel in der Pfanne goldbraun anrösten und beiseite stellen.

● Knoblauch und Ingwer schälen und sehr fein hacken. Zwiebel schälen und in halbe Ringe schneiden. Peperoni waschen und in feine Ringe schneiden. Zitrone zu Saft pressen.

● Aubergine waschen, in mundgerechte Stücke schneiden und mit Zitronensaft einreiben. 1 EL Kokosöl in einer Pfanne erhitzen und die Auberginenstücke ringsum anbraten, bis sie eine leichte Bräune haben, und beiseite stellen.

● Tamarindenpaste in Wasser auflösen. Koriander waschen und fein hacken.

● Restliches Kokosöl im Wok erhitzen. Zwiebel, Koriander, Kumin, Knoblauch, Ingwer und Peperoni etwa 2–3 Min. unter ständigem Wenden bei mäßiger Hitze anbraten. Tamarindenwasser und Kurkuma hinzufügen und kurz aufkochen lassen. Auberginen und Kokosmilch hinzufügen und 3 Min. leise köcheln lassen. Auf Wunsch mit etwas Salz abschmecken.

● Zum Schluss die gerösteten Kokosraspel unterrühren. Das Gericht mit Basmatireis auf 2 Tellern anrichten und mit Sesam und Koriander bestreut servieren.

Genießen wie ein Maharadscha
Pfeffer-Curry mit Lupinenfilet und Bambussprossen

Für 2 Personen
⏲ 40 Min.

- 200 g dünne Reisnudeln
- 200 g Lupinenfilet (ersatzweise Seitan)
- 3 EL Sonnenblumenöl
- 1 TL schwarzer Pfeffer
- ½ TL Salz
- 25 g frischer Ingwer

- 1 Zwiebel
- 1–2 Knoblauchzehen
- 1 Limette
- 1 Glas Bambussprossen in dünnen Streifen (Abtropfgewicht 180 g)
- 1 Stängel Zitronengras

- 1 EL Kokosöl
- 1 EL Currypulver
- 175 ml Kokosmilch
- ½ Bund frischer Koriander

● Reisnudeln nach Packungsanleitung garen, anschließend abseihen und bis zum Gebrauch beiseitestellen.

● Das Lupinenfilet in mundgerechte Stücke schneiden und in einer Mischung aus Öl, Pfeffer und Salz 20 Min. marinieren. Ab und zu wenden. Ingwer schälen und in dünne Scheiben schneiden. Zwiebel und Knoblauch schälen und fein hacken. Limette auspressen. Sie brauchen 3 TL Saft. Bambussprossen in ein Sieb schütten und gut abtropfen lassen. Zitronengras waschen, nur das vordere, etwa 7 cm lange Stück verwenden und der Länge nach in hauchdünne Streifen schneiden.

● Öl im Wok oder in einer Pfanne erhitzen. Zwiebel und Knoblauch anbraten, bis sie eine leichte Bräune haben. Currypulver darüberstäuben, umrühren und 1–2 Min. mitbraten. Ingwer, Limettensaft und Kokosmilch hinzufügen, Hitze reduzieren und 10 Min. leise köcheln lassen.

● Das marinierte Lupinenfilet in einer separaten, möglichst beschichteten Pfanne ohne weitere Fettzugabe von allen Seiten anbraten, bis es eine schöne Bräune hat. Anschließend unter die Currysauce rühren. Zitronengras und Bambussprossen unterrühren und weitere 4 Min. leicht kochen lassen.

● Koriander waschen und fein hacken. Die Reisnudeln in der Sauce noch mal erhitzen. Das Gericht mit Salz, Pfeffer und Curry abschmecken und mit Koriander bestreut servieren.

Indien | 133

Früchte und Gemüse – einfach göttlich!
Indisches Curry

Für 2 Personen
⊘ 25 Min.

- ca. 300g verschiedene Gemüse (z. B. Brokkoli, Blumenkohl, Erbsen, Möhren, Bohnen, Paprika ...)
- 1 Zwiebel
- 1 Knoblauchzehe
- 1 kleines Stück Ingwer (gehackt, etwa 1 TL)
- 3 grüne Peperoni
- 2 Scheiben frische Ananas
- 1–2 EL Kokosöl
- 3 EL Tomatenmark
- 1 TL Kurkuma
- 1 TL Garam Masala
- Salz
- 2 EL Cashewnüsse
- 100 ml Hafer- oder Sojasahne
- ½ Bund frischer Koriander

● Das Gemüse waschen und in mundgerechte Stücke schneiden bzw. bei Verwendung von Brokkoli oder Blumenkohl diese in kleine Röschen teilen.

● Zwiebel, Knoblauch und Ingwer schälen und fein hacken. Peperoni waschen, die Stielansätze entfernen und längs teilen. Ananas in kleine Würfel schneiden.

● Das Öl in einer Pfanne oder im Wok erhitzen. Zwiebel, Knoblauch und Ingwer darin kurz unter Rühren anbraten. Tomatenmark, Peperoni und 3–4 EL Wasser unterrühren und kurz mitbraten. Gemüse, Kurkuma, Garam Masala und Salz vorsichtig untermischen und einige Min. bei mittlerer Hitze köcheln lassen. Cashewnüsse, Ananas und Sahne unterheben, leicht erhitzen, aber nicht mehr kochen lassen.

● Koriander waschen, trocken tupfen und grob hacken. Das Curry auf Tellern anrichten und mit dem Koriander bestreuen.

Das passt dazu Reis oder Chapati (Seite 127)

Tipp Anstelle von Hafersahne können Sie auch 100 g Cashewcreme (Seite 10) verwenden.

Herrlich exotisch!

Kokosreis mit Gemüse und Cashewkernen

Für 2 Personen
⊘ 35 Min.

- 1 Zwiebel
- 6 schwarze Pfefferkörner
- 2 Gewürznelken
- 2 Kardamomkapseln
- 1 große rote Paprikaschote

- 2–3 TL Kokosöl
- 1 Lorbeerblatt
- ca. 150 ml Wasser
- 150 g Basmatireis
- 150 ml Kokosmilch

- Salz
- 3 EL Erbsen aus dem Glas
- 1 EL Rosinen oder Korinthen
- 1 EL Cashewkerne

● Die Zwiebel schälen und in halbe Ringe schneiden. Pfefferkörner, Nelken und Kardamomkapseln im Mörser grob zerstoßen. Die Schalen der Kardamomkapseln entfernen. Die Paprikaschote waschen und in grobe Streifen schneiden, dabei das Kerngehäuse und den Strunk entfernen.

● 1–2 TL Öl in einer Pfanne oder im Wok erhitzen. Zwiebel goldbraun anbraten und die Gewürze hinzufügen. Etwa 1 Min. unter Rühren weiterbraten. Dann das Wasser hinzufügen und aufkochen.

● Den Reis in einem Sieb gründlich waschen und mit der Hälfte der Kokosmilch und etwas Salz in die Pfanne oder den Wok geben. Das Ganze aufkochen lassen, dann die Hitze reduzieren. Paprikastreifen und Erbsen unterrühren und bei kleiner Hitze leise köcheln lassen. Sobald der Reis die Flüssigkeit aufgenommen hat, die restliche Kokosmilch unterrühren. Zugedeckt weiterköcheln lassen, bis der Reis gar ist, was je nach Reissorte (bitte Packungsanleitung beachten) etwa 15 Min. dauert.

● Währenddessen 1 TL Öl erhitzen. Darin Rosinen und Cashewkerne 1–2 Min. ringsum anbraten.

● Den Reis auf zwei Tellern anrichten und mit Rosinen und Cashewkernen bestreut servieren.

Amerika

Willkommen im »melting pot« – wo so viele kulinarische Einflüsse aufeinander prallen wie in Amerika, gibt's so einiges zu entdecken. Lassen Sie sich von der modernen Amoküche überraschen!

Krautsalat auf amerikanisch
Coleslaw

Für 2 Personen
⏱ 20 Min. + 30 Min. Ruhezeit

300 g frischer Spitzkohl (ersatzweise Weißkohl) •
1 Zwiebel • 100 g Karotten • 2 Essiggurken •
2 EL Granatapfelsamen (Bioladen, ersatzweise
Rosinen)
Für das Dressing
150 g Sojajoghurt • 1 TL Ahornsirup • 1–2 TL Zitronensaft • 1 gestrichener TL Senf, mittelscharf •
2 EL Weißweinessig • Salz • Pfeffer • ½ Bund
Schnittlauch

● Den Kohl in sehr feine Streifen schneiden, dabei den Strunk entfernen. In ein Sieb geben, gut
abspülen und abtropfen lassen. Zwiebel schälen
und fein hacken. Karotten waschen und in feine
Streifen schneiden oder mit der Rohkostreibe
raspeln. Essiggurken ebenfalls in dünne Streifen
schneiden. Alles in eine Schüssel geben und mit
den Granatapfelsamen gut vermischen.

● Für das Dressing alle Zutaten (außer dem
Schnittlauch) mit dem Pürierstab gut durchmischen und über das Gemüse geben. Schnittlauch waschen, in feine Röllchen schneiden
und ebenfalls zu dem Gemüse geben. Alles gut
vermischen und mindestens 30 Min. durchziehen lassen. Bei Bedarf noch mal mit Salz und
Pfeffer abschmecken.

Tipp In den USA ersetzt man einen Teil des
Joghurts durch (vegane) Mayonnaise. Sofern
Sie die fettere Variante bevorzugen, nehmen
Sie nur etwa 100 g Sojajoghurt und 2 EL vegane
Mayonnaise.

Der Renner in den USA!
Kale-Salat mit Orangen und Cranberries

Für 2 Personen
⏱ 40 Min. + 3 Stunden zum Durchziehen

6 Blätter Grünkohl mit Stängel • 1 reife Avocado
(ersatzweise 2–3 EL Pflanzenöl) • 1 TL Senf, mittelscharf • 2 EL Ahornsirup • 1 EL Zitronensaft •
1–2 Msp. Cayennepfeffer • Salz • schwarzer Pfeffer • 2 Orangen • 2 EL getrocknete Cranberries •
2–3 Frühlingszwiebeln • 2 EL Sesam

● Den Grünkohl gut waschen. Die Blätter der
Länge nach von den Stielen und dann in sehr
feine Streifen schneiden. Die Stiele in sehr feine
Scheiben schneiden und alles in eine große
Schüssel geben. Die Avocado halbieren, den
Kern entfernen, das Fruchtfleisch herauslösen
und zusammen mit Senf, Ahornsirup, Zitronensaft, Cayennepfeffer, Salz und Pfeffer zum
Grünkohl in die Schüssel geben. Nun das Ganze
mit beiden Händen etwa 10 Min. gut und kräftig durchkneten.

● Die Orangen schälen, in kleine Würfel
schneiden und zusammen mit den Cranberries
unter den Salat mischen. Frühlingszwiebeln
waschen, trocken tupfen, schräg in feine
Röllchen schneiden und ebenfalls unter den
Salat mischen. Im Kühlschrank gut 3 Stunden
durchziehen lassen.

● Den Sesam in einer Pfanne ohne Fett anrösten, bis er zu duften beginnt.

● Den Salat in 2 Schüsseln anrichten und mit
dem gerösteten Sesam bestreut servieren.

Amerika 139

Super nach Sport und Arbeit!

XXL Fitness-Sandwich mit »low-fat«-Mayo

Für 2 Personen
⊘ 25 Min.

Für die »low-fat«-Mayo
- 200 g Seidentofu
- 1 EL Zitronensaft
- 1 EL Rapsöl
- 1 TL Senf, mittelscharf
- 1 EL Ahornsirup oder Vollrohrzucker
- ½ TL Salz
- 1 TL Essig
- 1–2 Spritzer Tabasco

- ½ Bund Schnittlauch

Für die Sandwichs
- 6 Scheiben Vollkornbrot in
  Kastenform (Toastbrotgröße)
- 200 g Seitan
- ½–1 TL Paprika, edelsüß
- 1–2 TL Kokosöl
- 1 reife Avocado
- 1–2 TL Zitronensaft
- 1 Tomate

- 3 Blätter grüner Salat
- 6 Scheiben Wilmersburger
  Käsescheiben »würzig«,
  schmelzfähig
- 1–2 Msp. Cayennepfeffer
  (optional)
- 6 in Essig-Sud eingelegte
  Peperoni (optional)

● Für die Mayonnaise alle Zutaten bis auf den Schnittlauch pürieren und in eine kleine Schüssel geben. Den Schnittlauch waschen, in feine Röllchen schneiden und unter die Mayo mischen. Die Brotscheiben toasten und großzügig mit Mayo bestreichen.

● Den Backofen auf 220 °C Oberhitze vorheizen.

● Seitan in so dünne Scheiben wie möglich schneiden, mit Paprika bestäuben und in einer beschichteten Pfanne mit Kokosöl von beiden Seiten goldbraun anbraten. Die Pfanne von der Kochstelle nehmen.

● Avocado halbieren, den Kern entfernen, das Fruchtfleisch mit einem TL aus der Schale lösen, in dünne Scheiben schneiden und mit etwas Zitronensaft beträufeln. Tomate waschen und in sehr feine Scheiben schneiden. Salatblätter waschen und trocken tupfen.

● Nun 3 getoastete Brotscheiben auf die Arbeitsfläche legen und in folgender Reihenfolge belegen: Salatblatt, gebratene Seitanstreifen, Tomatenscheiben, Avocado und Käse. Wer es etwas schärfer mag, bestäubt den Käse mit etwas Cayennepfeffer. Die Brote ohne Deckel in den vorgeheizten Backofen geben und warten, bis der Käse geschmolzen ist (max. 2 Min.). Den Backofen ausschalten, die übrigen Brotscheiben als Deckel auf die Sandwiches legen und noch mal kurz im Ofen erwärmen.

● Die Sandwiches aus dem Ofen nehmen und vorsichtig diagonal durchschneiden. Die Sandwiches mit der restlichen Mayonnaise und den eingelegten Peperoni servieren.

Die »Black and White Cookies« aus den USA

Amerikaner

Für 5–7 Stück

⊘ 15 Min. + 15 Min. Backzeit + 10 Min. für die Glasur

Für die Amerikaner
- 50 ml Sonnenblumenöl
- 50 g Zucker
- ¼ TL echte Vanille
- 1 Prise Salz
- 1 EL Soja- oder Kichererbsen-mehl
- 2–3 EL Mineralwasser mit Kohlensäure

- ½ Packung Vanillepudding-pulver (20 g)
- 3 EL Pflanzenmilch
- 1 TL Hirschhornsalz
- 1 TL Wasser
- 1 TL Backpulver
- 75 g Weizen- oder Dinkelmehl
- 75 g Reismehl

Für den Schoko-Guss
- 25 g Puderzucker
- ca. 1 EL Wasser
- 1 TL Kakao

Für den hellen Guss
- 30 g Puderzucker
- 1 EL Zitronensaft

● Den Backofen auf 190 °C Ober-/Unterhitze vorheizen.

● Sonnenblumenöl, Zucker, Vanille, Salz, Soja- oder Kichererbsenmehl und Mineralwasser mit dem Handrührgerät 1–2 Min. rühren. Pud-dingpulver in einem separaten Gefäß mit der Pflanzenmilch verrühren und unter Rühren zu der Masse geben.

● Hirschhornsalz mit 1 TL Wasser verrühren und ebenfalls unter die Masse rühren. Das Backpulver unter das Mehl mischen und alles nach und nach unter den Teig rühren. Die Masse sollte klebrig-krümelig sein.

● Ein Backblech mit Backpapier auslegen.

● Mit den Händen kleine runde, etwa 1 cm hohe Taler formen und mit reichlich Abstand auf das Backpapier legen. Im Backofen etwa 12–15 Min. backen. Vom Blech nehmen und auf einem Kuchengitter abkühlen lassen.

● Für den Schoko-Guss den Puderzucker sieben, mit Kakao mischen und mit Wasser zu einer dickflüssigen Masse verrühren. Für den hellen Guss den gesiebten Puderzucker mit Zitronen-saft verrühren. Mit einem Backpinsel auf die abgekühlten Amerikaner streichen.

Amerika

Eignet sich in größerer Menge auch als Party-Mitbringsel

Barbecue-Eintopf

Für 2 Personen
⏱ 35 Min.

- 200 g Seitan (oder Lupinen-filet)
- 1 große Zwiebel
- 1 Knoblauchzehe
- 1–2 EL Olivenöl
- Salz
- Pfeffer
- Cayennepfeffer
- 1 EL Tomatenmark
- 1 TL Vollrohrzucker
- 2 EL Mehl
- ca. 400 ml Gemüsebrühe
- 50 ml Tomatenketchup
- 250 g Süßkartoffeln
- 1 kleine grüne Paprika
- 1 kleines Glas Mais (ca. 200 g)
- 1 EL Worcestershiresauce
- ½ Bund Schnittlauch

● Seitan in mundgerechte Stücke schneiden.

● Zwiebel und Knoblauch schälen und fein hacken. Öl in einer beschichteten Pfanne erhitzen, Zwiebel und Knoblauch kurz anbraten, Seitan-Stücke hinzufügen und unter Rühren gut anbraten, bis sie etwas Farbe angenommen haben. Hitze reduzieren, mit Salz, Pfeffer und Cayennepfeffer würzen. Tomatenmark und Zucker unterrühren, mit Mehl bestäuben und die Gemüsebrühe unter Rühren nach und nach angießen, damit das Mehl keine Klumpen bildet, sondern die Sauce angenehm eindickt. Ketchup hinzufügen und bei mäßiger Hitze etwa 8 Min. köcheln lassen. Gelegentlich umrühren.

● Die Süßkartoffeln waschen, bei Bedarf schälen und in kleine Würfel schneiden. Paprika waschen, entkernen und in kleine Stücke schneiden. Mais abseihen, kurz abspülen, gut abtropfen lassen und zusammen mit dem Gemüse zum Eintopf geben. Weitere 15–20 Min. bei mäßiger Hitze garen, bis die Kartoffeln weich sind.

● Schnittlauch waschen und in feine Röllchen schneiden.

● Den Eintopf mit Salz, Pfeffer, Worcestershiresauce, eventuell etwas Cayennepfeffer würzig abschmecken und mit Schnittlauchröllchen bestreut servieren.

Das passt dazu Vollkornbrot oder frisches Baguette (Seite 59)

Amerika 143

Sommer wie in Mexiko
Guacomole mit Tortilla-Chips

Für 4 Personen als Vorspeise oder für 2 Personen als Hauptgericht
⊘ 40 Min.

Für die Tortillas
- 125 g Maismehl
- 100 g Weizen- oder Dinkelmehl
- 25 ml Sonnenblumenöl
- 150 ml lauwarme Pflanzenmilch
- 1 TL Dattelsirup (Seite 13)
  oder Vollrohrzucker

- 1 TL Salz
- ½ TL Curry
- ½ TL Paprika, edelsüß
- ½ TL Pfeffer
- 1–2 Msp. Cayennepfeffer

Für die Guacomole
- 1 Zwiebel
- 1 Knoblauchzehe
- 1 Bund frischer Koriander

- 2 grüne Peperoni
- 1 gestrichener TL Salz
- ½ TL Kreuzkümmel
- 2 reife Avocados
- 200 g Cocktailtomaten
- 1 kleine Limette
- 1 EL Sesam

● Den Backofen auf 220 °C Ober-/Unterhitze vorheizen.

● Maismehl in eine Schüssel geben und das Weizen- oder Dinkelmehl dazusieben. Sonnenblumenöl und die lauwarme Pflanzenmilch dazugießen. Alles mit einem Rührlöffel verrühren. Dattelsirup und Gewürze hinzufügen und das Ganze mit den Händen in 5 Min. zu einem geschmeidigen Teig kneten.

● Den Teig auf einer bemehlten Arbeitsplatte ausrollen und auf ein mit Backpapier ausgelegtes Backblech legen. Mit einem kleinen Teigroller den Teig gleichmäßig auf dem gesamten Backpapier verteilen. Den Teig in Rechtecke schneiden und mit einem Zahnstocher zahlreiche Löcher hineinstechen. Im vorgeheizten Backofen etwa 5–8 Min. backen. Abkühlen lassen.

● Für die Guacomole Zwiebel und Knoblauch schälen und fein hacken. Koriander waschen, Blätter und feine Stiele ebenfalls fein hacken. Peperoni waschen und in dünne Ringe schneiden. In einem Mörser den Knoblauch, die Hälfte der Zwiebel und die Hälfte des Korianders mit den Peperoni-Ringen, dem Salz und dem Kreuzkümmel zu einer Paste verarbeiten.

● Die Avocados der Länge nach halbieren und die Kerne entfernen. Das Fruchtfleisch mit einem Löffel aus der Schale heben und in Würfel schneiden. Tomaten waschen und ebenfalls in Würfel schneiden. Limette auspressen.

● Avocado- und Tomatenwürfel zusammen mit der Paste, dem Limettensaft, der restlichen Zwiebel, dem restlichen Koriander und dem Sesam in einer Salatschüssel gut vermischen und mit den Tortilla-Chips servieren.

Typisch mexikanisch

Gemüse-Tacos mit Mexican Salsa

Für 2 Personen
⊘ 35 Min.

- 1 Knoblauchzehe
- 1 kleine Zwiebel
- 2 Frühlingszwiebeln
- 1 Peperoni
- 50 g Champignons
- 1 kleine Paprikaschote
- 100 g Cocktailtomaten

- 1 frischer Maiskolben
  (oder 70 g Maiskörner)
- 75 g Eisbergsalat
- 1 EL Kokosöl
- Salz
- Pfeffer
- 1–2 Msp. Kreuzkümmel

- 1 Msp. Cayennepfeffer
- 4–6 vegane Mais-Tortillas
  (Bioladen)
- Kokosöl zum Ausbacken
- Mexican Salsa (z. B. Bioladen,
  Fa. Sanchon)

● Knoblauch schälen und fein hacken. Zwiebel schälen und in halbe Ringe schneiden. Frühlingszwiebeln waschen und in 1–2 cm lange Röllchen schneiden. Peperoni waschen und in Ringe schneiden. Champignons mit Küchenkrepp reinigen und in Scheiben schneiden. Paprika waschen, Kerngehäuse entfernen und in Streifen schneiden. Tomaten waschen und halbieren. Vom Maiskolben die Blätter und Fäden entfernen und mit einem Messer die Körner von oben nach unten abschneiden. Eisbergsalat waschen, in feine Streifen schneiden und bis zum Gebrauch beiseitestellen.

● Öl in einer beschichteten Pfanne erhitzen. Knoblauch, Zwiebel, Frühlingszwiebeln und Peperoni etwa 2 Min. anbraten. Dann das Gemüse (außer dem Eisbergsalat) hinzufügen. Etwa 10 Min. unter gelegentlichem Wenden bei mittlerer Hitze anbraten. Mit Salz, Pfeffer, Kreuzkümmel und Cayennepfeffer würzig abschmecken.

● Währenddessen in einer zweiten Pfanne ½ TL Kokosöl erhitzen und die Mais-Tortillas nacheinander von beiden Seiten goldbraun anbraten. Bei Bedarf im Backofen warm halten, bis alle fertig sind.

● Jeweils eine Tortilla auf einen Teller legen, mit dem Pfannengemüse und etwas Eisbergsalat belegen und über der Hälfte zuklappen. Mit Mexican Salsa-Sauce servieren.

Wissen Mexican Salsa selbst machen: Sie brauchen 4 reife, gehäutete und gewürfelte Tomaten, gegebenenfalls etwas Tomatenmark, jeweils 1 fein gehackte Zwiebel, Knoblauchzehe und Peperoni, etwa 1 TL Zitronen- oder Limettensaft und 2 EL fein gehackten frischen Koriander oder Petersilie. Alles in einer Schüssel gut mischen, mit Salz, Pfeffer, Vollrohrzucker und nach Geschmack etwas Cayennepfeffer würzig abschmecken. Nach Belieben können Sie auch noch kleine Paprikawürfel dazugeben.

Köstliche Teigtaschen aus Mexiko

Empanadas mit fein gewürzter Seitan-Füllung

Für 2 Personen, für etwa 8 Stück
⊘ 50 Min. + 20 Min. Backzeit

Für den Teig
- 130 g Cashewcreme (Seite 10)
- 200 g Weizen- oder Dinkelmehl
- 1 TL Backpulver
- ½ TL Salz
- 1 EL Kichererbsenmehl

- 3 EL Mineralwasser mit Kohlensäure

Für die Füllung
- 1 Zwiebel
- 1 Knoblauchzehe
- 125 g Seitan
- 15 g getrocknete Tomaten
- 50 g schwarze Oliven

- ¼ Bund frische Petersilie
- 1 Peperoni
- 1 TL Kokosöl
- 30 g gehackte Mandeln
- Salz
- Pfeffer
- 20 ml Sonnenblumenöl (optional)

● Mehl, Backpulver, Salz und Kichererbsenmehl in einer Schüssel vermischen. Mineralwasser und Cashewcreme dazugeben und mit den Händen zu einem geschmeidigen Teig verkneten. Ist der Teig zu klebrig, noch etwas Mehl unterkneten, ist er zu trocken, etwas Mineralwasser zufügen. Bis zum weiteren Gebrauch in den Kühlschrank legen.

● Den Backofen auf 180 °C Ober-/Unterhitze vorheizen.

● Für die Füllung Zwiebel und Knoblauch schälen und fein hacken. Seitan in kleine Würfel schneiden. Getrocknete Tomaten in sehr dünne Streifen, Oliven in feine Ringe schneiden. Petersilie waschen, trocknen und fein hacken. Peperoni waschen, in Ringe schneiden und die Kerne entfernen, wenn Sie es nicht so scharf mögen.

● Öl in einer beschichteten Pfanne erhitzen. Zwiebeln, Knoblauch und Peperoni 2 Min. anbraten, Seitan hinzufügen und weitere 3–4 Min. braten. Oliven, Mandeln und Petersilie untermischen und mit Salz und Pfeffer würzig abschmecken.

● Auf einer bemehlten Arbeitsfläche den Teig ausrollen. Mit einem großen Glas Formen ausstechen. Die Hälfte davon mit der Fülle belegen und jeweils mit einem Teigkreis bedecken. Die Teigränder am besten mit einem Raviolirad gleichzeitig verschließen und verzieren.

● Die gefüllten Teigtaschen auf ein mit Backpapier ausgelegtes Backblech legen und im vorgeheizten Backofen 15–20 Min. backen. Auf Wunsch mit erwärmtem Sonnenblumenöl beträufelt servieren.

Das passt dazu grüne Blattsalate

Amerika 147

Willkommen in Südamerika
Gemüseeintopf »Venezuela«

Für 2 Personen
⊘ 1 Stunde

- 1 rote Zwiebel
- 1 Knoblauchzehe
- 80 g Räuchertofu
- 200 g frische Erbsen
- 2 frische Maiskolben
- 250 g Kürbisfleisch (z. B. Hokkaido)

- 2 Kartoffeln
- 1 kleine grüne Paprika
- 1 kleine rote Paprika
- 3 Tomaten
- 2 EL Pflanzenöl
- 1 TL Salz
- 1 TL Majoran, getrocknet

- schwarzer Pfeffer
- 100 ml Weißwein (ersatzweise Wasser)
- ca. 600 ml Wasser
- ½ Bund frische Petersilie

● Zwiebel und Knoblauch schälen und fein hacken. Räuchertofu in kleine Würfel schneiden. Die Erbsen enthülsen und in eine große Schüssel (für das restliche Gemüse) geben. Die Maiskolben von Blättern und Fäden befreien, waschen und in dicke Scheiben schneiden. Das Kürbisfleisch in Würfel schneiden. Kartoffeln waschen, eventuell schälen und in Würfel schneiden. Paprikaschoten waschen, entkernen und in feine Streifen schneiden. Tomaten am Strunk kreuzweise einschneiden, in einer Schüssel mit kochendem Wasser übergießen, kurz ziehen lassen, kalt abschrecken und die Haut abziehen. Anschließend ebenfalls würfeln.

● Öl in einem Topf erhitzen, Zwiebel und Räuchertofu etwa 2–3 Min. anbraten. Das Gemüse und den Knoblauch hinzufügen, gut vermischen, mit Salz, Majoran und Pfeffer würzen. Weißwein und Wasser angießen, bis das Gemüse knapp bedeckt ist, aufkochen lassen, Hitze reduzieren und zugedeckt etwa 25–30 Min. leise köcheln lassen.

● Währenddessen die Petersilie waschen und fein hacken.

● Die Suppe mit den Gewürzen abschmecken und mit Petersilie bestreut servieren.

Tipp Das Innere der Maiskolben kann man auch nach der Garzeit nicht essen. Man knabbert den Mais quasi vom Kolbenteil ab, was entweder mit dem Esslöffel oder einer Gabel tischfein gelingt.

Amerika

Mit leckerer mexikanischer Tomaten-Bananen-Sauce
Gefüllte grüne Paprikaschoten

Für 2 Personen
⊘ 1 Stunde 15 Min.

- 4 grüne Paprikaschoten
- 1 Zwiebel
- 1 Knoblauchzehe
- 200 g Seitan
- 1 gehäufter EL Rosinen
- 8 Tomaten
- 8 grüne Oliven ohne Stein

- 2–3 TL Kokosöl
- 50 g gehackte Mandeln
- 1 EL Essig
- Salz
- schwarzer Pfeffer
- 3 EL Mehl
- 1½ EL Speisestärke

- ca. 5–6 EL Wasser
- 1 Tasse Dinkel-Semmelbrösel
- ca. 4 EL Kokosöl
- 1 Banane
- ¼ Bund frische Petersilie
- 1 Msp. Cayennepfeffer

● Paprikaschoten waschen und den Paprika-Deckel knapp am Strunk abschneiden. Kerngehäuse herausschneiden. Die ausgehöhlten Paprikaschoten beiseitestellen, die Paprika-Deckel für einen anderen Zweck verwenden.

● Zwiebel und Knoblauch schälen und fein hacken. Seitan in sehr kleine Würfel schneiden. Rosinen heiß abwaschen. Tomaten häuten und würfeln. Die Oliven fein hacken.

● 2–3 TL Kokosöl in einer beschichteten Pfanne erhitzen. Zwiebel darin glasig braten. Seitan hinzufügen und etwa 3–4 Min. anbraten. Knoblauch, Rosinen, Mandeln, Oliven, ¾ der Tomatenwürfel und den Essig unterrühren. Unter gelegentlichem Wenden etwa 5 Min. braten. Mit Salz und Pfeffer würzig abschmecken und die Paprikaschoten damit füllen.

● Den Backofen auf 100° C Ober-/Unterhitze vorheizen.

● Mehl in eine Schüssel geben, die Speisestärke mit Wasser in einer zweiten Schüssel klümpchenfrei anrühren und in eine dritten Schüssel

die Semmelbrösel geben. Nun die gefüllten Schoten nacheinander vorsichtig zuerst in Mehl, dann in dem Speisestärke-Wasser-Gemisch und zum Schluss in den Semmelbröseln wenden. Bitte aufpassen, dass die Füllung nicht herausfällt.

● 4 EL Kokosöl in einer Pfanne erhitzen und die Schoten darin von allen Seiten goldbraun anbraten. Aus der Pfanne nehmen und auf einem Teller im Backofen warm stellen.

● Die Banane schälen und in feine Scheiben schneiden. Petersilie waschen und fein hacken. Im verbliebenen Öl die restlichen Tomatenwürfel erhitzen. Mit Salz, Pfeffer und Cayennepfeffer abschmecken, Petersilie untermischen und kurz schmoren lassen. Zum Schluss die Bananenscheiben untermischen.

● Die gefüllten Schoten anrichten, mit der Sauce überziehen und heiß servieren.

Ein besonderes Geschmackserlebnis aus Ecuador

Tomatensuppe mit Bananen und Kokos

Für 2 Personen
⊘ 30 Min.

- 600 g frische aromatische Tomaten
- ¼ TL Salz
- 250 g Gemüsebrühe
- 1 Zwiebel
- 2 unreife Bananen
- 2 EL Pflanzenöl
- 3 EL Hafersahne
- 1 TL Speisestärke (optional)
- weißer Pfeffer
- 2 TL Kokosflocken

● Tomaten kreuzweise am Strunk einschneiden, in einer Schüssel mit kochendem Wasser überbrühen, kurz ruhen lassen, kalt abschrecken und die Haut abziehen. Anschließend in Würfel schneiden. Zusammen mit dem Salz und der Gemüsebrühe in einen Topf geben, aufkochen und etwa 10 Min. zugedeckt köcheln lassen. Im Mixer pürieren und zurück in den Topf geben.

● Die Zwiebel schälen und fein hacken. Bananen schälen und in feine Scheiben schneiden. In einer Pfanne das Öl erhitzen, Zwiebeln etwa 3 Min. unter Wenden anbraten, Bananen hinzufügen und weitere 2–3 Min. mitbraten.

● Die Hafersahne und das Zwiebel-Bananen-Gemisch unter die Suppe rühren und noch mal kurz aufkochen. Wenn Ihnen die Suppe zu flüssig ist, rühren Sie einfach 1 gehäuften TL Speisestärke in der kalten Hafersahne an, bevor Sie diese in die Suppe geben und aufkochen. Damit erzielen Sie eine schöne Bindung.

● Die Suppe mit Salz und Pfeffer abschmecken, in 2 Suppenschüsseln anrichten und mit den Kokosflocken bestreut servieren.

Tipp Unreife Bananen sind nicht so süß und haben mehr Stärke als reife Bananen. Der Kaloriengehalt von beiden ist übrigens gleich.

Karibik

Egal, ob es draußen sonnig, verregnet oder stürmisch ist – mit diesen karibischen Leckereien herrscht bei Ihnen immer Sommer-Feeling!

Einfach – exotisch – gut

Linsensuppe mit Bananen- und Kokoschips

Für 2 Personen als Hauptgericht
⊘ 35 Min.

200 g gelbe Linsen • 200 g Zwiebeln • 1 rote Peperoni • 4 Pimentkörner • 2 EL Erdnussöl • 1 TL Vollrohrzucker • ½ TL Kreuzkümmel • ½ TL Kurkuma • 1 gestrichener TL Salz • ca. 800 ml Gemüsebrühe • ¼ Bund frischer Koriander • 1 EL Sonnenblumenöl • 1 EL Dattelsirup (Seite 13) oder Vollrohrzucker • 40 g Bananenchips, ungesüßt • 40 g Kokoschips, ungesüßt

● Linsen in einem Sieb mit kaltem Wasser waschen und abtropfen lassen.

● Zwiebeln schälen und sehr fein hacken. Peperoni waschen und in feine Ringe schneiden. Pimentkörner mit dem Mörser fein zerstoßen.

● Erdnussöl in einem Topf erhitzen und die Zwiebeln darin in etwa 2–3 Min. glasig braten. Linsen, Peperoni, Piment, Vollrohrzucker, Kreuzkümmel, Kurkuma und Salz unterrühren. Mit Gemüsebrühe ablöschen. Die Linsen etwa 10–15 Min. leise köcheln lassen, bis sie gar sind. Mit den Gewürzen abschmecken.

● Koriander waschen und fein hacken. In einer Pfanne das Sonnenblumenöl erhitzen. Dattelsirup, Bananen- und Kokoschips hinzufügen und etwa 3–4 Min. unter Wenden anbraten.

● Die Suppe in 2 Schalen anrichten, Bananen- und Kokoschips darübergeben und mit Koriander bestreut servieren.

Köstlich und einfach zuzubereiten

Kichererbsen-Kürbis-Tamarinden-Eintopf

Für 2 Personen
⊘ 40 Min.

1 Schalotte (50 g) • 1 Knoblauchzehe • 1 cm frischer Ingwer • 1 rote Peperoni • 1 sehr kleiner Hokkaido-Kürbis • 400 g Strauchtomaten • 1 Glas Kichererbsen (ca. 215 g Abtropfgewicht) • 1 TL Kokosöl • 200 ml Kokosmilch • 1–1½ TL Tamarindenpaste • 1 TL Dattelsirup (Seite 13) oder Vollrohrzucker • ½ Bund frischer Koriander • Salz • Pfeffer

● Schalotte, Knoblauch und Ingwer schälen und fein hacken. Peperoni waschen und in feine Ringe schneiden. Kürbis waschen, halbieren und die Kerne herausschaben. Das Fruchtfleisch in etwa 1 cm kleine Würfel schneiden. Sie benötigen davon etwa 200 Gramm. Tomaten häuten und in Würfel schneiden. Kichererbsen abseihen, waschen und gut abtropfen lassen.

● In einer Pfanne das Öl erhitzen. Schalotte, Knoblauch, Ingwer und Peperoni etwa 2–3 Min. unter Wenden anbraten. Tomaten, Kürbis und Kichererbsen hinzufügen, 2–3 Min. mitbraten und mit Kokosmilch ablöschen. Tamarindenpaste und Dattelsirup unterrühren und das Ganze zugedeckt bei kleiner Hitze und gelegentlichem Rühren etwa 10 Min. leise köcheln lassen, bis die Kürbiswürfel weich sind, aber noch Biss haben.

● In der Zwischenzeit Koriander waschen und mit den feinen Stängeln fein hacken.

● Die Suppe mit Salz und Pfeffer abschmecken und mit Koriander bestreut servieren.

Karibik 155

Das schmeckt nach Karibik!

Würziges Seitan-Geschnetzeltes mit Reis und Mango-Chutney

Für 2 Personen
⊙ etwa 1 Stunde

Für das Mango-Chutney
- 1 reife Mango (etwa 450–500 g)
- 2 Schalotten
- 1 Knoblauchzehe
- 2 dünne Scheiben frischen Ingwer
- 1 Peperoni
- 1 Limette
- 4 Piment-Körner
- ¼ TL Koriander-Körner
- 1–2 Gewürznelken
- 2 Msp. Muskat

- ½–1 TL Kokosöl
- 50 ml Rum 40%
- 7 EL Kräuter- oder Obstessig
- 5 TL Vollrohrzucker
- 3 TL Tomatenmark
- ½ TL Salz
- schwarzer Pfeffer
- 7 EL Wasser

Für das Seitan-Geschnetzelte mit Reis
- 1 Tasse Reis (Wildreismischung)

- 200 g Seitan
- 1–2 Schalotten
- 1 Knoblauchzehe
- ½ orangefarbene Paprikaschote
- ½–1 TL Kokosöl
- 1 EL Limettensaft
- 1 EL Tamari
- Pfeffer
- Salz

● Für das Chutney die Mango schälen, den Kern entfernen und das Fruchtfleisch in kleine Würfel schneiden. Schalotten, Knoblauch und Ingwerscheiben schälen und fein hacken. Peperoni waschen und ebenfalls fein hacken. Die Limette auspressen, Sie brauchen etwa 1 EL Saft. Die Piment- und Korianderkörner zusammen mit den Gewürznelken im Mörser zerreiben und mit dem Muskat mischen.

● Kokosöl in einer Pfanne erhitzen. Schalotten, Knoblauch und Ingwer 1–2 Min. anbraten. Mangostücke, Peperoni, Rum, Essig, Zucker Tomatenmark, Limettensaft und alle Gewürze unterrühren. Wasser hinzufügen und bei kleiner Hitze etwa 20 Min. zugedeckt leise köcheln lassen, dabei gelegentlich umrühren. Die Mischung in einem Mixer sämig pürieren. Zurück in die Pfanne geben, noch mal mit Salz und Limettensaft abschmecken und abkühlen lassen. Sie werden nur etwa die Hälfte des Chutneys für

dieses Gericht benötigen. Den Rest in ein steriles verschlossenes Glas geben. Im Kühlschrank ist es mehrere Wochen haltbar und ist z. B. lecker zum Dippen von Gemüse.

● Den Reis entsprechend der Packungsanleitung garen.

● Seitan in mundgerechte Würfel schneiden. Schalotten und Knoblauch schälen und fein hacken. Paprika waschen und in Streifen schneiden. Kokosöl in einer Pfanne erhitzen, Schalotten und Knoblauch 2 Min. anbraten. Seitan und Paprika hinzufügen und weitere 4–5 Min. bei mäßiger Hitze unter Wenden braten. Mit Limettensaft und Tamari ablöschen und mit Pfeffer und wenig Salz abschmecken.

● Das Seitan-Geschnetzelte mit Reis und Mango-Chutney auf 2 Tellern anrichten.

Wie Urlaub in der Karibik

Süßkartoffeln, Kochbananen und Blattsalate mit Sauce Chien

Für 2 Personen
⏱ 45 Min. + 1 Stunde zum Ziehen der Sauce

Für die Sauce Chien
- 2 Knoblauchzehen
- ½ TL Salz
- 1 rote oder grüne Peperoni
- 1 Schalotte
- 2 Frühlingszwiebeln
- ½ Bund frischer Koriander
- ¼ Bund frische Petersilie
- 1 Zweig Thymian
- 1 Limette
- 3 EL feinstes Olivenöl extra vergine
- 5 EL heißes Wasser

Für den Salat
- 2 Süßkartoffeln (ca. 500 g)
- 2 Kochbananen (ersatzweise unreife normale Bananen)
- 100 g gemischte Blattsalate
- schwarzer Pfeffer

● Knoblauch schälen, mit dem Salz vermischen und mit der Gabel oder im Mörser zerdrücken. Peperoni waschen, fein hacken und je nach Geschmack die scharfen Kerne entfernen. Schalotte schälen und fein hacken. Frühlingszwiebeln waschen und in feine Röllchen schneiden. Koriander, Petersilie und Thymian waschen und trocken tupfen. Koriander und Petersilie fein hacken und vom Thymianzweig die Blättchen zupfen. Die Limette auspressen. Sie brauchen etwa 3 EL Saft. Alles zusammen in einer Schüssel mit Öl und Wasser gut verrühren und im Kühlschrank mindestens 1 Stunde ziehen lassen.

● Süßkartoffeln unter fließendem Wasser sauber bürsten. Die Kochbananen schälen und zusammen mit den Süßkartoffeln in Salzwasser weich garen, was je nach Größe etwa 25–35 Min. dauert.

● Die Blattsalate waschen, in einer Schüssel mit 3–4 EL Marinade vermischen und in die Mitte von 2 großen Tellern geben.

● Kartoffeln bei Bedarf schälen und in dicke Scheiben schneiden. Kochbananen schräg in lange Scheiben schneiden. Die Scheiben dekorativ um den Salat legen, mit der restlichen Marinade bestreichen und servieren.

Tipp Die Sauce können Sie auch einen Tag vorher vorbereiten.

Karibik 159

Ein vegan völlig neu interpretiertes Rezept aus der Karibik – köstlich!

Gefüllte Papaya mit Kräutern und Kokosreis

Für 2 Personen
⏱ 45 Min.

Für den Reis
- 120 g Basmati-Reis
- 2 EL Kokosflocken
- 1 Prise Salz

Für die Papayas
- 40 g Grünkernschrot
- 40 g Weizenschrot
- 100 ml Gemüsebrühe
- 2 reife Papayas (je ca. 350 g)
- 1 kleine rote Zwiebel

- 1 Knoblauchzehe
- 1 Stück Langpfeffer (oder 5 schwarze Pfefferkörner)
- 1–2 TL Kokosöl
- 1 EL Rosinen
- 2 TL Paprika, edelsüß
- 1 TL Dattelsirup (Seite 13) oder Vollrohrzucker
- 1 EL Limettensaft
- 1 Schuss Weißwein (optional)

- Salz
- 2 EL Erdnusskerne, geröstet und gesalzen
- 2 EL Sonnenblumenkerne
- 2 EL Hefeflocken
- 2 EL Erdnussöl
- 1 Frühlingszwiebel
- ¼ Bund Koriander
- 8 Blätter Pfefferminze
- 8 Blätter Basilikum

● Den Reis nach Packungsanleitung garen. Die Kokosflocken unterrühren und mit Salz abschmecken. Den Reis warm halten.

● Den Backofen auf 200 °C Ober-/Unterhitze vorheizen.

● Getreideschrot mit Gemüsebrühe kurz aufkochen und bei geschlossenem Deckel 15 Min. ausquellen lassen.

● Papayas waschen, längs halbieren und die Kerne entfernen. Zwiebel schälen und in halbe Ringe schneiden. Knoblauch schälen und fein hacken. Langpfeffer im Mörser fein zerstoßen.

● Öl in einer beschichteten Pfanne erhitzen. Zwiebelringe, Knoblauch, Getreideschrot und Rosinen darin etwa 4–5 Min. anbraten. Dabei den Getreideschrot mit dem Pfannenwender etwas krümelig stoßen. Mit Langpfeffer, Paprika, Sirup und Limettensaft würzen. Einen Schuss

Weißwein hinzufügen und mit Salz abschmecken. Zum Schluss die Erdnüsse untermischen.

● Sonnenblumenkerne mahlen und mit den Hefeflocken vermischen. Ein Blech mit Backpapier auslegen oder eine Auflaufform einfetten.

● Den Pfanneninhalt auf die 4 Papaya-Hälften verteilen, mit dem Mix aus Sonnenblumenkernen und Hefeflocken bestreuen und mit etwas Erdnussöl beträufeln. Auf das Backblech oder in die Auflaufform setzen und im Ofen 8–10 Min. backen.

● Die Frühlingszwiebel waschen und in dünne Röllchen schneiden. Die Kräuter waschen und fein hacken.

● Die gegarten Papayas mit Frühlingszwiebeln und Kräuter bestreuen. Mit dem Kokosreis auf zwei Tellern anrichten und servieren.

Eine leckere und gesunde Nascherei

Karibischer Kicher-erbsen-Knusperspaß

Für 1 Backblech
⏱ 1 Stunde Garzeit der Kichererbsen + 45 Min. Backzeit + 15 Min. für das Garam Masala
Grundzutaten:
350 g getrocknete Kichererbsen • 2 Lorbeerblät-ter • 1 TL Salz • 2 EL Sesamöl geröstet
Für 100 g Garam Masala auf Vorrat
5 TL Koriandersamen • 1 EL Kreuzkümmelsamen • 4 Kardamomkapseln • 3 Gewürznelken • 1 EL Sesamsamen • 1 TL schwarze Pfefferkörner • 1 TL Anissamen • ½ TL Fenchelsamen • 2 Msp. Zimt gemahlen • 2 Msp. Muskat gerieben

● Kichererbsen 12 Stunden in kaltem Wasser einweichen. Anschließend abseihen, waschen und in einem Topf mit frischem Wasser etwa 1 Stunde mit 2 Lorbeerblättern und 1 TL Salz weich garen (bitte Packungsanleitung beachten wegen der Garzeit). Anschließend abseihen und gut abtropfen lassen.

● Für das Garam Masala alle Zutaten in einer Pfanne ohne Fett etwa 3 Min. unter Rühren rös-ten, bis sie zu duften beginnen. Etwas abkühlen lassen und in einer Gewürzmühle oder einem Mixer sehr fein vermahlen.

● Die Kichererbsen in einer Schüssel mit Sesa-möl und 4–5 TL Garam Masala vermischen, auf einem mit Backpapier ausgelegtem Backblech gleichmäßig verteilen und im vorgeheizten Backofen bei 200 °C Ober-/Unterhitze etwa 40 Min. braun und knusprig backen. Abküh-len lassen und in einem luftdichten Behälter aufbewahren.

So gut kann Milchreis sein

Mango-Schoko-Rum-Milchreis

Für 2 Personen (2 × 250 ml)
⏱ 40 Min. + Kühlzeit

375 ml Sojamilch • 125 ml Kokosmilch • 1 Msp. Vanillepulver • 1 Msp. Salz • 65 g Milchreis (Rund-kornreis) • 1 Msp. Zimt • 3 Kardamomkapseln • 1 Bio-Zitrone • 1 reife Mango • 2 EL Dattelsirup (Seite 13) • 2 TL Kakao • 8–10 Pekannüsse (oder andere) • 1–2 EL Rum 40% (nach Belieben)

● Sojamilch, Kokosmilch, Vanillepulver und Salz in einen Topf geben, aufkochen und den Milchreis mit einem Schneebesen einrühren. Unter häufigem Umrühren 30–35 Min. leicht köcheln lassen. Nach etwa 20 Min. Zimt und die Kardamomkapseln (ganz) unterrühren.

● Die Zitrone waschen, trocken reiben und etwa ½ TL Schale abreiben. Mango schälen, Fruchtfleisch um den Kern abschneiden und würfeln. Am Ende der Garzeit den Milchreis vom Herd nehmen und die Kardamomkapseln entfernen. Sirup, Kakao, Zitronenschale und Mangowürfel unterrühren und erkalten lassen.

● Nüsse in einer Pfanne ohne Fett anrösten und fein hacken.

● Den Milchreis in dekorative Gläser füllen, den Rum darübergeben und mit den gehackten Nüssen bestreut servieren.

Tipp Anstelle von Rum können Sie die Flüs-sigkeit des karibischen Rumtopfs (Seite 162) verwenden.

Eine süße Verführung!

Karibische Cupcakes

Für 12 Stück
⊘ 45 Min. + 20–25 Min. Backzeit

Für den Teig
- 200 g Teffmehl
- 1 gestr. TL Backpulver
- 1 gestr. TL Natron
- 1 Msp. Zimt
- 1 Prise Salz
- ½ TL Vanillepulver
- 50 g Kokosraspeln
- 50 g Macadamia-Nüsse (ungesalzen)

- 1 Bio-Limette
- 140 g frische Ananas
- 1 große reife Banane
- 10 EL Mineralwasser mit Kohlensäure
- 70 ml Sonnenblumenöl

Für die Creme
- 3–4 EL Cashewmus
- 1–2 EL Puderzucker
- Saft einer ½ Limette

- etwas Wasser
- 12 Macadamia-Nüsse (ungesalzen) zum Garnieren

Sonstiges
- 1 Muffin-Backform
- 12 Muffinförmchen aus Papier

● Den Backofen auf 180 °C Ober-/Unterhitze vorheizen.

● Mehl mit Backpulver, Natron, Zimt, Salz, Zucker, Vanille und Kokosraspeln in einer Schüssel vermischen. Macadamia-Nüsse mit einem Messer fein hacken und untermengen. Die Limette waschen, die Schale abreiben und ebenfalls untermischen. Ananas und Banane im Mixer mit dem Mineralwasser fein pürieren.

● Die trockenen Zutaten nach und nach mit dem Handrührgerät unterrühren.

● Die Papierförmchen in die Muffin-Backform legen, mithilfe von 2 Esslöffeln den Teig auf die 12 Förmchen verteilen, bis sie knapp bis zum Rand befüllt sind. Im Backofen etwa 20–25 Min. backen (Garprobe machen!) und auf einem Kuchengitter abkühlen lassen.

● Die Zutaten für die Creme mit dem Handrührgerät oder einem Esslöffel verrühren und auf die abgekühlten Cupcakes streichen. Zum Abschluss jedes Cupcake mit einer Macadamia-Nuss garnieren. Bis zum Servieren kühl stellen.

Mit vielen leckeren exotischen Früchten
Karibischer Rumtopf

Für ein 2-Liter-Weckglas
⏱ 1 Stunde + mindestens 3 Wochen ziehen lassen

etwa 1,5 kg Früchte wie z. B.
- 1 Bio-Orange
- 6 Scheiben frische reife Ananas
- 1 reife Papaya
- 1 reife Mango
- 1 reife Sternfrucht
- 4 Mandarinen
- 1 Bio-Limette
- 1½ Vanilleschoten
- 2 Zimtstangen, je ca. 7 cm
- ca. 200 g Rohrohrzucker
- ca. 800 ml brauner Jamaica-Rum
- 1 sterilisiertes 2-l-Weckglas

● Die Orange waschen, trocknen und mit der Schale in ½ cm dicke Scheiben schneiden. Von der Ananas die Schale entfernen und das Fruchtfleisch in grobe Stücke schneiden. Die Papaya halbieren, Kerne mit einem Esslöffel herausschaben, Schale abschneiden und das Fruchtfleisch in Würfel schneiden. Die Mango schälen, das Fruchtfleisch um den Kern wegschneiden und den Rest ebenfalls in grobe Würfel schneiden. Sternfrucht waschen und in 1 cm dicke Scheiben schneiden. Mandarinen schälen und in Schnitze teilen. Bio-Limette waschen und in ½ cm Scheiben schneiden. Vanilleschoten und Zimtstangen in etwa 1½ cm lange Stücke schneiden.

● Den Boden des sterilen Weckglases mit den Orangenscheiben belegten. Diese dann mit etwa 30 g Zucker bestreuen. Jeweils mit einem Stück Zimtstange und Vanilleschote belegen. Darüber eine Lage Ananas geben, ebenfalls mit Zucker bestreuen und wieder ein Stück Zimtstange und Vanilleschote dazulegen. Dann abwechselnd Früchte, Zucker, Vanilleschoten- und Zimtstangen-Stücke übereinanderschichten, bis alle Zutaten verbraucht sind. Eventuell übrige Früchte für einen anderen Zweck verwenden.

● Den Rum darübergießen. Er sollte etwa 2 cm über der letzten Fruchtschicht stehen.

● Den Rumtopf luftdicht verschließen. Kühl und dunkel mindestens 3 Wochen (maximal 3 Monate) ziehen lassen.

● Wenn Sie Früchte oder Rum aus dem Glas entnehmen, bitte anschließend die verbleibenden Früchte immer wieder mit Rum bedecken.

Tipp Die Früchte schmecken super zu Eis und Desserts, der Rum ist toll für Punsch.

Stichwortverzeichnis

A
Alpen-Strudel 34
Amerikaner 140
Artischocken mit Avocado-Limette-
Minze-Dip 59
Artischocken mit Rosara-Kartoffeln 63
Auberginen
– Auberginen auf sizilianische Art 31
– Auberginencreme 71
– Bohémienne 65
– Des Derwischs Rosenbeet 102
– Japanische Miso-Suppe 110
Austernpilze mit Ingwer und Basma-
ti-Reis 107

B
Baguette, französisches 59
Barbecue- Eintopf 142
Basmati-Pilaw 72
Birnen-Fenchel-Quiche, französische
64
Blumenkohl
– Blumenkohl-Curry, indonesisches
123
– Gemüse mit Harissa auf Couscous
88
– Lupinenfilet mit Wok-und Gemüse
112
Bohémienne 65
Bohnen
– Bohneneintopf von den Kapverden
87
– Kuru Fasulye 70
– Pintobohnen-Suppe, griechische 65
– Seitan mit grünen Bohnen und
Peperoni 117
Brokkoli
– Brokkoli-Suppe, nordafrikanische
81
Brot
– Baguette, französisches 59
– Chapati, indisches 127
– Fladenbrot, libanesisches 99
– Fladenbrot, türkisches 71
– Naan-Fladenbrot 130
Bulgogi, koreanischer 110

C
Caldo Verde mit gerösteten Zwiebeln
50
Cashewcreme
– aus Cashewmus 11
– aus dem Hochleistungsmixer 11
– Cashew-Ricotta 18

Chapati, indisches 127
Coleslaw 138
Couscous, Gemüse mit Harissa auf
Couscous 88
Cupcakes, karibische 161
Curry, indisches 133
Curryreis mit Walnüssen und Wirsing
107

D
Dattelsirup 13
Des Derwischs Rosenbeet 102

E
Empanadas mit fein gewürzter Sei-
tan-Füllung 146
Erbsen
– Blumenkohl-Curry, indonesisches
123
– Erbsen mit knusprigem Tofu und
Tomatensauce 128
– Gemüseeintopf 147
– Karotten-Erbsen-Salat, marokkani-
scher 80
Erdäpfel-Strudel 36

F
Falafel mit Sesam-Sauce 96
Fatousch, Brotsalat, libanesischer 99
Fenchel
– Birnen-Fenchel-Quiche, fanzösische
64
– Fenchel-Suppe, fanzösische 58
Fladenbrot,libanesisches 99
Fladenbrot, türkisches 71

G
Gebäck
– Amerikaner 140
– Cupcakes, karibische 161
– Kichererbsen-Knusperspaß, karibi-
scher 160
– Lebkuchen, Berner 47
– Linzer Torte 39
– Schweizer Rüblitorte 43
Gefüllte grüne Paprikaschoten 148
Gemüseeintopf 147
Gemüse mit Harissa auf Couscous 88
Gemüse-Tacos mit Mexican Salsa 145
Gemüsetopf, griechischer 66
Guacomole mit Tortilla-Chips 143

K
Kale-Salat mit Orangen und Cranber-
ries 138
Karotten
– Karotten-Aprikosen-Nuss-Bällchen
97
– Karotten-Erbsen-Salat, marokkani-
scher 80
– Karotten-Salat, portugiesischer 51
– Karotten-Strudel, süßer, mit Joghurt
91
– Schweizer Rüblitorte 43
– Tomaten-Kürbis-Suppe 82
Kartoffeln
– Artischocken mit Rosara-Kartoffeln
63
– Caldo Verde – Grünkohl-Suppe mit
gerösteten Zwiebeln 50
– Des Derwischs Rosenbeet 102
– Erdäpfel-Strudel 36
– Feurige Paprika-Chili-Tortilla 54
– Maronen-Eintopf, Tessiner 41
– Schweizer Älplermagrone 42
– Zitronen-Kartoffeln, spanische 58
– Züricher Geschnetzeltes auf Kartof-
fel-Rösti 46
– Zwetschgen-Knödel, österreichi-
sche 40
Käsecreme 42
Kichererbsen
– Falafel mit Sesam-Sauce 96
– Kichererbsen-Kürbis-Tamarin-
den-Eintopf 154
– Kichererbsen mit frittiertem Brot
126
– Kosheri 101
Kimchi à la Gabriele Lendle 109
Kokosreis mit Gemüse 135
Kosheri 101
Kräuter
– Falafel mit Sesam-Sauce 96
– Gemüse mit Harissa auf Couscous
88
– Maronen-Eintopf, Tessiner 41
– Papaya, gefüllte, aus dem Backofen
mit Kräutern und Kokosreis 159
– Pasta alla Norma 18
– Pasta mit Tomaten-Kräuter-Sugo 24
– Pizza Estate 26
Kürbis
– Gemüseeintopf 147
– Kichererbsen-Kürbis-Tamarin-
den-Eintopf 154
– Tomaten-Kürbis-Suppe 82
Kuru Fasulye 70

Stichwortverzeichnis

L
Laksa mit veganen Garnelen und
  Kokosmilch 120
Lauch
– Lauchauflauf, griechischer
– Pastítsios 69
– Lauch, marinierter 51
Lebkuchen, Berner 47
Linsen
– Gelbe Linsensuppe mit Bananen-
  und Kokoschips 154
– Kosheri 101
– Linsen, gelbe, mit feinen Gewürzen
  127
– Linsensuppe, libanesische, mit
  Mangold 100
– Rote-Linsen-Dal mit Naan-Fladen-
  brot 130
Linzer Torte 39
Lupinenfilet
– Lupinenfilet mit Wok-Gemüse 112
– Mie Goreng, indonesisches 123
– Pfeffer-Curry mit Lupinenfilet und
  Bambussprossen 132
– Yufka-Röllchen, türkische 77

M
Mais
– Barbecque- Eintopf 142
– Gemüseeintopf 147
– Gemüse-Tacos mit Mexican Salsa
  145
– Maispuffer mit fein gewürztem
  Tempeh in Kokosmilch 122
– Maissuppe, philippinische, mit
  frischen Pilzen 119
Mangold
– Linsensuppe, libanesische, mit
  Mangold 100
– Mangold mit geröstetem Brot 55
– Mie Goreng, indonesisches 123
– Pizza Calzone 25
– Südtiroler Schlutzkrapfen 37
Mango-Chutney 155
Mango-Schoko-Rum-Milchreis 160
Maronen-Eintopf, Tessiner 41
Mexican Salsa 145
Mie Goreng, indonesisches 123
Milchreis mit Mango, Schoko und
  Rum 160
Minestrone 16
Miso-Suppe, japanische 110

N
Naan-Fladenbrot 130
Nudeln
– Fettuccine mit frischen Pfifferlingen
  19

– Laksa mit veganen Garnelen und
  Kokosmilch 120
– Mie Goreng, indonesisches 123
– Pasta alla Norma 18
– Pasta mit Tomaten-Kräuter-Sugo 24
– Pasta mit Walnuss-Sauce 19
– Pastítsios 69
– Pfeffer-Curry mit Lupinenfilet und
  Bambussprossen 132
– Reisnudel-Nester, türkische, mit
  Paprika-Sauce 75
– Schweizer Älplermagrone 42
– Spaghetti mit Oliven, Apfelkapern
  und Feigen 20
– Spinat-Basilikum-Spinat-Lasagne
  23
Nüsse
– Blumenkohl-Curry, indonesisches
  123
– Curryreis mit Walnüssen und Wir-
  sing 107
– Empanadas mit fein gewürzter
  Seitan-Füllung 146
– Karotten-Aprikosen-Nuss-Bällchen
  97
– Pasta alla Norma 18
– Pasta mit Walnuss-Sauce 19
– Südtiroler Schlutzkrapfen 37
– Tajine mit Süßkartoffeln, Früchten
  und Nüssen 86
– Tofu, marinierter, mit Zitronengras
  121

O
Okraschoten
– Gemüsetopf, griechischer 66

P
Papaya, gefüllte, mit Kräutern und
  Kokosreis 159
Paprika
– Gemüseeintopf 147
– Paprika-Chili-Tortilla, feurige 54
– Paprika-Salat, nordafrikanischer 80
– Paprikaschoten, gefüllte grüne 148
– Reisnudel-Nester, türkische, mit
  Paprika-Sauce 75
Pasta alla Norma 18
Pastítsios 69
Pfeffer-Curry mit Lupinenfilet und
  Bambussprossen 132
Pilze
– Austernpilze mit Ingwer und Basma-
  ti-Reis 107
– Fettuccine mit frischen Pfifferlingen
  19
– Gemüse-Tacos mit Mexican Salsa
  145

– Maissuppe, philippinische, mit
  frischen Pilzen 119
– Miso-Suppe, japanische 110
– Pilze-Salat, thailändischer 117
– Pizza Calzone 25
– Pizza Estate 26
– Pizza Funghi 28
– Züricher Geschnetzeltes auf Kartof-
  fel-Rösti 46
Pintobohnen-Suppe, griechische 65
Pizza
– Pissaladière 60
– Pizza Calzone 25
– Pizza Estate 26
– Pizza Funghi 28
– Pizza Lahmacun 76
Polenta-Kuchen, überbackener 44

R
Rataouille
– Bohémienne 65
Reis
– Austernpilze mit Ingwer und Basma-
  ti-Reis 107
– Basmati-Pilaw 72
– Bulgogi, koreanischer 110
– Curryreis mit Walnüssen und Wir-
  sing 107
– Kokosreis mit Gemüse 135
– Lupinenfilet mit Wok-und Gemüse
  112
– Papaya, gefüllte, aus dem Backofen
  mit Kräutern und Kokosreis 159
– Seitan-Geschnetzeltes mit Reis und
  Mango-Chutney 155
– Seitan mit grünen Bohnen und
  Peperoni 132
– Seitan mit rotem Curry und Kaffir-Li-
  mettenblättern 119
– Weinblätter, gefüllte 67
– Zucchini-Risotto mit Cocktail-Toma-
  ten und Oliven 29
Reisnudel-Nester, türkische, mit Papri-
  ka-Sauce 75
Rote-Linsen-Dal mit Naan-Fladenbrot
  130
Rüblitorte, Schweizer 43
Rucola
– Pizza Estate 26
Rumtopf, karibischer 162

S
Salate
– Coleslaw 138
– Fatousch, Brotsalat, libanesischer
  99
– Kale-Salat mit Orangen und Cranber-
  ries 138

Stichwortverzeichnis

- Karotten-Erbsen-Salat, marokkanischer 80
- Karotten-Salat, portugiesischer 51
- Paprika-Salat, nordafrikanischer 80
- Pilze-Salat, thailändischer 117
Sandwich,XXL Fitness, mit 139
Sauce Chien 156
Schlutzkrapfen, Südtiroler 37

Seitan
- Barbecque- Eintopf 142
- Bulgogi, koreanischer 110
- Empanadas mit fein gewürzter Seitan-Füllun 146
- Mie Goreng, indonesisches 123
- Paprikaschoten, gefüllte grüne 148
- Pfeffer-Curry mit Lupinenfilet und Bambussprossen 132
- Seitan-Geschnetzeltes mit Reis und Mango-Chutney 155
- Seitan mit grünen Bohnen und Peperoni 117
- Seitan mit rotem Curry und Kaffir-Limettenblättern 119
- Süßkartoffelsuppe mit Kokosmilch und Seitan 116
- Yufka-Röllchen, türkische 77
- Züricher Geschnetzeltes auf Kartoffel-Rösti 46

Spinat
- Spinat-Basilikum-Spinat-Lasagne 23
- Südtiroler Schlutzkrapfen 37

Strudel
- Alpen-Strudel 34
- Erdäpfel-Strudel 36
- Karotten-Strudel, süßer, mit Joghurt 91

Suppen
- Barbecque- Eintopf 142
- Bohneneintopf von den Kapverden 87
- Brokkoli-Suppe, nordafrikanische 81
- Caldo Verde – Grünkohl-Suppe mit gerösteten Zwiebeln 50
- Fenchel-Suppe, französische 58
- Gelbe Linsensuppe mit Bananen- und Kokoschips 154
- Gemüseeintopf 147
- Kichererbsen-Kürbis-Tamarinden-Eintopf 154
- Linsensuppe, libanesische, mit Mangold 100

- Maissuppe, philippinische, mit frischen Pilzen 119
- Maronen-Eintopf, Tessiner 41
- Minestrone 16
- Miso-Suppe, japanische 110
- Pintobohnen-Suppe, griechische 65
- Süßkartoffelsuppe mit Kokosmilch und Seitan 116
- Tomaten-Kürbis-Suppe 82
- Tomatensuppe mit Bananen und Kokos 151
Sushi 114

Süßkartoffeln
- Barbecque- Eintopf 142
- Bohneneintopf von den Kapverden 87
- Süßkartoffeln, Kochbananen und Blattsalate mit Sauce Chien 156
- Süßkartoffelsuppe mit Kokosmilch und Seitan 116
- Süßkartoffel-Zucchini- Bratlinge, knusprige 108
- Tajine mit Süßkartoffeln, Früchten und Nüssen 86

T
Tajine mit Süßkartoffeln, Früchten und Nüssen 86

Tofu
- Erbsen mit knusprigem Tofu und Tomatensauce 128
- Gemüseeintopf 147
- Laksa mit veganen Garnelen und Kokosmilch 120
- Maronen-Eintopf, Tessiner 41
- Pastítsios 69
- Tofu, marinierter, mit Zitronengras 121
- XXL Fitness-Sandwich mit 139

Tomaten
- Auberginen auf sizilianische Art 31
- Des Derwischs Rosenbeet 102

- Gemüse-Tacos mit Mexican Salsa 145
- Guacomole mit Tortilla-Chips 143
- Kichererbsen-Kürbis-Tamarinden-Eintopf 154
- Kosheri 101
- Kuru Fasulye 70
- Pasta alla Norma 18
- Pasta mit Tomaten-Kräuter-Sugo 24
- Pastítsios 69
- Pintobohnen-Suppe, griechische 65
- Pizza Estate 26
- Pizza Funghi 28
- Pizza Lahmacun 76
- Polenta-Kuchen, überbackener 44
- Tomaten-Kürbis-Suppe 82
- Tomatensuppe mit Bananen und Kokos 151
- Zucchini-Risotto mit Cocktail-Tomaten und Oliven 29
Tortilla-Chips mit Guacomole 143

W
Weinblätter, gefüllte 67

Y
Yufka-Röllchen, türkische 77

Z
Zitronen-Kartoffeln, spanische 58

Zucchini
- Polenta-Kuchen, überbackener 44
- Süßkartoffel-Zucchini-Bratlinge, knusprige 108
- Zucchini-Risotto mit Cocktail-Tomaten und Oliven 29
Züricher Geschnetzeltes auf Kartoffel-Rösti 46
Zwetschgen-Knödel 40

Zwiebelkuchen
- Pissaladière 60

Liebe Leserin, lieber Leser,

hat Ihnen dieses Buch weitergeholfen? Für Anregungen, Kritik, aber auch für Lob sind wir offen. So können wir in Zukunft noch besser auf Ihre Wünsche eingehen. Schreiben Sie uns, denn Ihre Meinung zählt!

Ihr TRIAS Verlag

E-Mail-Leserservice
kundenservice@trias-verlag.de

Lektorat TRIAS Verlag
Postfach 30 05 04
70445 Stuttgart
Fax: 0711 89 31-748

Impressum

**Bibliografische Information
der Deutschen Nationalbibliothek**
Die Deutsche Nationalbibliothek verzeichnet diese Publikation in der Deutschen Nationalbibliografie; detaillierte bibliografische Daten sind im Internet
über http://dnb.d-nb.de abrufbar.

Programmplanung: Uta Spieldiener
Redaktion: Ursula Brunn-Steiner
Bildredaktion: Christoph Frick

Umschlaggestaltung und Layout:
CYCLUS Visuelle Kommunikation, Stuttgart

Bildnachweis:
Umschlagfoto vorn: Meike Bergmann, Berlin
Fotos im Innenteil: Meike Bergmann, Berlin

1. Auflage

© 2014 TRIAS Verlag in MVS
Medizinverlage Stuttgart GmbH & Co. KG
Oswald-Hesse-Straße 50, 70469 Stuttgart

Printed in Germany

Satz und Repro: Fotosatz Buck GmbH, Kumhausen
gesetzt in: Adobe Indesign CS5
Druck: apprinta, Wemding

Gedruckt auf chlorfrei gebleichtem Papier

ISBN 978-3-8304-6998-8

Auch erhältlich als E-Book:
eISBN (PDF)   978-3-8304-6999-5
eISBN (ePub)   978-3-8304-8000-6

1 2 3 4 5 6

Wichtiger Hinweis: Wie jede Wissenschaft ist die Medizin ständigen Entwicklungen unterworfen. Forschung und klinische Erfahrung erweitern unsere Erkenntnisse. Ganz besonders gilt das für die Behandlung und die medikamentöse Therapie. Bei allen in diesem Werk erwähnten Dosierungen oder Applikationen, bei Rezepten und Übungsanleitungen, bei Empfehlungen und Tipps dürfen Sie darauf vertrauen: Autoren, Herausgeber und Verlag haben große Sorgfalt darauf verwandt, dass diese Angaben dem Wissensstand bei Fertigstellung des Werkes entsprechen. Rezepte werden gekocht und ausprobiert. Übungen und Übungsreihen haben sich in der Praxis erfolgreich bewährt. Eine Garantie kann jedoch nicht übernommen werden. Eine Haftung des Autors, des Verlags oder seiner Beauftragten für Personen-, Sach- oder Vermögensschäden ist ausgeschlossen.

Geschützte Warennamen (Warenzeichen) werden nicht besonders kenntlich gemacht. Aus dem Fehlen eines solchen Hinweises kann also nicht geschlossen werden, dass es sich um einen freien Warennamen handelt.

Das Werk, einschließlich aller seiner Teile, ist urheberrechtlich geschützt. Jede Verwertung außerhalb der engen Grenzen des Urheberrechtsgesetzes ist ohne Zustimmung des Verlags unzulässig und strafbar. Das gilt insbesondere für Vervielfältigungen, Übersetzungen, Mikroverfilmungen und die Einspeicherung und Verarbeitung in elektronischen Systemen.

Besuchen Sie uns auf facebook!
www.facebook.com/
gesundeernaehrungtrias

... noch mehr vegane Rezepte

▸ **IHRER GESUNDHEIT ZULIEBE**

Gesund leben und schlemmen ohne Fleisch, Milch und Eier: Hier wird der Abschied von einst „Unverzichtbarem" mit leckeren Rezepten und vielen Tipps leicht gemacht.

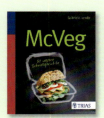

Gabriele Lendle
McVeg
€ 12,99 [D]
ISBN 978-3-8304-6837-0

Isabell Keller
Kaffeeklatsch vegan
€ 14,99 [D]
ISBN 978-3-8304-8029-7

Gabriele Lendle
Ab jetzt vegan!
€ 17,99 [D] / € 18,50 [A] / CHF 25,20
ISBN 978-3-8304-6660-4

Alle Titel auch als E-Book

Bequem bestellen über
www.trias-verlag.de
versandkostenfrei
innerhalb Deutschlands

Wissen, was gut tut.

Grün ist die Hoffnung

▸ **DIE VEGANE DETOX-KUR**

Dieses Buch bietet mit seinem 7-Tage-Programm eine kurze Auszeit zur Entgiftung und Regeneration an. „7 Tage grün" ist aber keine Hungerkur. Hier wird reichlich gegessen und getrunken – dafür sorgen 70 unwiderstehlich leckere Smoothie- und Rohkost-Rezepte.

Franziska Schmid
7 Tage grün
€ 12,99 [D] / € 13,40 [A] / CHF 18,20
ISBN 978-3-8304-6965-0

Auch als E-Book

Bequem bestellen über
www.trias-verlag.de
versandkostenfrei
innerhalb Deutschlands

Wissen, was gut tut.